N'IMPORTE QUI PEUT-IL PÉTER UN CÂBLE ?

VIVIANNE KOVESS-MASFETY

N'IMPORTE QUI PEUT-IL PÉTER UN CÂBLE ?

Odile Jacob

15, rue Soufflot, 75005 Paris

ISBN : 978-2-7381-1977-3

www.odilejacob.fr

À mes Sophie petite et grande, à François, Laure et Julien et à leurs enfants présents et à venir.

Introduction

« Péter un câble », l'expression implique une rupture brutale, inattendue, d'un élément indispensable au fonctionnement de la machine, en l'occurrence de la machine à penser, quelle que soit la manière dont on peut la nommer : l'esprit, la raison, le self-control... Cette rupture du câble entraînerait une perte de contrôle de la machine, qui s'emballerait et pourrait donc faire n'importe quoi, y compris du mal à soi-même ou à d'autres, en quelque sorte contre sa volonté, puisque la machine ne répondrait plus aux commandes.

Péter un câble fait peur ; c'est l'expression populaire, courante, pour dire la peur de devenir fou et cette peur ne fait rire personne. Le pétage de câble ou encore de plomb qui renvoie, au sens propre, à la coupure d'électricité suite à une surcharge qui dépasse les capacités de protection que procurent les fusibles, peut évidemment recouvrir toutes les représentations que l'on peut avoir de la folie, c'est-à-dire presque toutes les catégories de maladies mentales que la psychiatrie a inventoriées et probablement d'autres encore, car la psychiatrie possède un catalogue relativement restreint par rapport à l'imaginaire populaire.

Certains auront peur de délirer, d'autres de déprimer ou encore de perdre leurs facultés intellectuelles avec l'âge, d'autres de devenir violents, par exemple de jeter leurs enfants par la fenêtre un jour où ils se montreraient particulièrement énervants. Cela peut être aussi le fait de ne plus pouvoir s'arrêter de manger ou de boire, ou encore de consommer de la cocaïne ou des anxiolytiques, de se mettre à dire ses quatre vérités à son chef en public, et ainsi de suite, la liste de ce que nos câbles sont supposés contrôler étant longue et variée.

Voir un proche souffrir d'une maladie mentale, qui le fait se sentir persécuté et devenir très agressif contre ceux qui l'entourent, peut bien évidemment renforcer cette peur qui s'alimente des images de moments qu'on a pu vivre avec cet intime, hospitalisé contre son gré, dans des circonstances souvent dramatiques. L'image des malades mentaux est tellement négative que personne ne souhaite se retrouver dans cette situation et cela augmente d'autant la peur de perdre le contrôle.

Le fait que presque tout le monde ait peur de péter un câble, ne signifie évidemment pas que tout le monde pète un câble au moins une fois dans sa vie, ni que le fait de péter un câble signifie forcément avoir une crise de folie ; le terme est d'ailleurs employé couramment et dans des circonstances très diverses que nous allons tenter d'élucider.

PREMIÈRE PARTIE

QU'EST-CE QUE PÉTER UN CÂBLE ?

CHAPITRE 1

Aux frontières de la normalité

De la crise de folie à la colère

Péter un câble est une expression très populaire ; une recherche sur Internet montre à quel point l'expression est fréquemment employée et ce pour exprimer des situations très diverses.

Ces situations peuvent aller d'une crise de violence accompagnant un épisode délirant à un énervement suscité par les tourments de la vie quotidienne, qui fait craindre de se mettre en colère au point de perdre le contrôle de soi-même.

PÉTER UN CÂBLE, C'EST DEVENIR FOU ?

« *Un jeune de 18 ans agressé à la tronçonneuse.* »

« Un jeune homme de 18 ans a été retrouvé dimanche gisant dans son sang en pleine rue, à Lyon, le visage gravement mutilé, après avoir été agressé à la tronçonneuse, probablement par son frère âgé de 15 ans. La victime, qui a perdu une oreille et dont une jambe a été en partie sectionnée, a dû être opérée par des médecins sur place dans une ambulance des pompiers, avant d'être hospitalisée. »

Réaction des internautes :

« Mais où va le monde ? C'est de plus en plus grave ce monde de fous.

– C'est un monstre...

– Vous n'avez pas songé une minute qu'il a sûrement un problème psychologique, et que vous aussi, un beau jour, pourriez péter un câble comme il l'a fait ? Je n'approuve évidemment pas ce qu'il a fait, mais il faut quand même essayer de comprendre... Le cerveau humain n'est pas infaillible, c'est un peu comme un PC : il peut planter. »

Dans cet exemple, qui décrit un drame causé par l'entrée dans un processus délirant, on observe deux types de réaction : « C'est un monstre », sous-entendant qu'il a intentionnellement agressé son frère, et « il a des problèmes », c'est-à-dire que c'est un malade. Cette dernière opinion incluant une sorte de banalisation : péter un câble, cela peut arriver à tout le monde.

Un symptôme de la psychose ?

« Péter un câble » est le titre d'une des fiches illustrées sur les principaux symptômes de la psychose et publiées par une association suisse qui s'occupe de schizophrénie. Péter un câble y est défini par « la peur de devenir fou et de perdre le contrôle ».

Dans ce contexte et contrairement au précédent exemple, le fait de péter un câble est clairement assimilé à un symptôme d'une maladie mentale grave, la schizophrénie, et est présenté comme un des signes qui marquent l'entrée dans la maladie.

Péter un câble à cause de la drogue

Dans un contexte identique, une information stipule, sous le titre : « La drogue peut faire péter un câble », qu'il existe aujourd'hui suffisamment de preuves scientifiques pour avertir les consommateurs réguliers de cannabis des risques élevés de maladies psychotiques auxquels ils s'exposent et, plus précisément, du danger réel d'affections particulièrement graves, telle la schizophrénie.

Une dépression non soignée ?

« Cela fait des années que je vis dans un climat de dépression, de mon entourage, de moi-même. J'ai traversé automutilation, solitude, problèmes familiaux, etc. Je m'isole de plus en plus d'année en année, et je ne me vois pas d'avenir, alors que je suis très jeune et que j'ai mené des études plutôt bonnes... Je m'inquiète pas mal en me demandant où cet état dépressif va me mener. J'ai vu des psys, mais je ne leur parle pas, et je refuse de prendre des médicaments car je vois ça comme une aliénation. »

Réaction d'un internaute :

« Soigne-toi, sinon tu vas péter un câble et te suicider ! Quelles sont les grandes raisons de ton état ? Je ne suis pas toubib, mais évite absolument de t'isoler, si, apparemment, ça ne va pas fort avec la famille, essaie de fréquenter tes amis ! Peut-être aussi avoir un meilleur sommeil, te coucher plus tôt, etc. »

Cet exemple n'est plus celui de la « crise de folie », mais d'un éventuel passage à l'acte violent, le suicide.

C'EST PERDRE LE CONTRÔLE ?

Dans les exemples qui suivent, ce sont des tourments de la vie quotidienne qui peuvent amener à avoir des comportements de colère avec violence physique ou verbale.

« *Le jour où j'ai vraiment pété un câble.* »

« Un jour, ma chef arrive sournoisement derrière moi, et constate qu'en plus de faire des tableaux de facturation sous Excel, j'ai l'audace de discuter avec une amie sur ma messagerie.

"Tu crois peut-être que je te paie pour que tu discutes avec tes amis sur ta messagerie ? Tu tiens à garder ton job ?" Là, je ne sais pas ce qui m'a pris, je crois que j'étais franchement de mauvaise humeur ce jour-là. J'ai explosé, et j'ai balancé des missiles.

"Eh bien justement non ! Mon poste je ne tiens pas tant que ça à le garder, tu vois, je m'en fous complètement même ! Tu sais quoi ? J'en ai marre d'être traitée plus mal que si j'étais ton clébard, en plus je suis sous-payée. Et tu as vu comment tu me parles ? Tu as vu comment tu parles à tout le monde d'ailleurs ? Même un enfant de 6 ans est plus poli que toi ! Y en a ras le bol de tes attitudes ! Tu ne te rends pas compte que personne ne t'aime parce que tu ne respectes personne et que tu méprises tout le monde ? On n'est pas tes esclaves, bordel ! !"

Elle est devenue verte. J'étais hors de moi, et tout le monde s'est arrêté. Sidéré. Comme si tout le monde craignait qu'une bombe explose.

Interdite pendant quelques secondes – elle ne s'attendait pas sans doute à ce qu'on lui réponde de la sorte –, elle a riposté : “Mais qu'est-ce qui t'arrive ? Tu as pété un câble ou quoi ? Tu t'en fous de ton travail ? Eh bien puisque c'est comme ça, tu vas pouvoir en chercher un autre, dès maintenant !”

Et moi j'ai répondu : “Eh bien oui, je pète un câble quand je veux.” »

Dans cet exemple, il s'agit d'une sorte de ras-le-bol probablement à la suite d'autres conflits plus ou moins larvés. Évidemment, les conséquences sont peut-être graves pour la personne qui a pris le risque de perdre son travail, mais peut-être aussi les conditions étaient-elles vraiment tellement épouvantables, que de toute façon elle songeait à partir et que cette colère n'était pas si inopinée qu'on peut le croire. Son « pétage de câble » a fait sortir une colère rentrée depuis longtemps et « remis les pendules à l'heure ». On est dans un tout autre registre que les cas précédents.

C'EST AVOIR PEUR DE CRAQUER ?

D'autres personnes sont aux prises avec des situations difficiles et se sentent dépassées.

Pour les femmes, ce sont surtout des situations qui impliquent de jeunes enfants. L'une d'elles exprime très clairement sa peur de devenir violente et de donner une gifle à son enfant.

Mais le sentiment amoureux peut aussi être à l'origine de cette peur de craquer.

Quant aux hommes, l'informatique, notamment, semble les pousser à bout.

Des parents dépassés

« Au secours ! Que faire ? Il me fait péter un câble. »

« Depuis la rentrée des classes, mon fils croit qu'avec les facilités qu'il a, il n'a pas besoin de travailler. Donc il ne fait rien. Bien sûr, les résultats commencent déjà à être mauvais, il ne note pas ses devoirs sur son cahier de textes, ne copie pas ses leçons et de plus il nous ment. Tous les soirs, c'est la prise de tête : il me pousse à bout. Parfois, j'arrive à me contenir, mais la plupart du temps, il me fait exploser (j'en arrive même à lui mettre des claques) et là je m'en veux. »

« Je vais péter un câble. Faut que je l'écrive quelque part, je ne sais pas pourquoi plus ici qu'ailleurs, mais voilà, je suis à bout ! »

« Je n'en peux plus avec les filles qui sont affreuses quand elles sont ensemble, elles enchaînent bêtise sur bêtise, elles ne peuvent pas jouer plus de dix minutes sans se chamailler, voire se taper. On n'arrête pas de cadrer, mais ça devient dur. Et puis la maison, le linge… C'est la folie depuis l'arrivée de Bertrand, il me faudrait un pressing à domicile. Bertrand ne fait toujours pas ses nuits, alors ça n'aide pas. Certes, je peux enfin dormir une nuit sur deux depuis que nous sommes passés au biberon (il y a une semaine), mais pas facile de totalement récupérer quand on court toute la journée derrière. Bref, j'ai beaucoup de chance d'avoir la famille dont je rêvais, j'en ai conscience, mais la fatigue me fait virer maboule des nerfs. Vivement que ça passe : trois enfants en deux ans : des jumelles et un garçon : la vie est pleine de surprises ! »

Ici l'internaute ne nous dit pas ce qu'elle entend par péter un câble, on a plutôt l'impression qu'elle craint de déprimer. Elle se sent très fatiguée, elle est supposée être heureuse, mais la situation est très difficile et elle sent bien que cela ne tourne pas rond.

L'amoureux(se) éconduit(e)

« *Je vais péter un câble.* »

« Voilà, cela va faire trois mois que c'est fini, mais on continue à se parler et à se voir au sein de notre travail ; la semaine dernière, on a réussi à renouer le dialogue alors qu'avant c'était vraiment tendu. Je lui ai laissé un SMS en lui disant que je le rappellerai un peu plus tard (il était 18 heures). Je l'ai appelé à 22 h 10 et ça a sonné, puis : répondeur ! Pour moi c'est encore une grosse claque que je me prends ! Est-ce que je dois penser qu'il ne veut pas me parler en dehors de nos activités professionnelles ? Je me pose trop de questions. Dois-je lâcher l'affaire, moi qui voulais tenter de le reséduire ? Complètement paumée, besoin d'un gros bisou. »

Ne pas savoir quoi faire surtout pour des sujets aussi importants est générateur d'angoisse et la peur de péter un plomb fait partie des symptômes et des crises d'angoisse.

À cause de problèmes... d'informatique pour les hommes

« *Je vais péter un câble !!!* »

« J'étais en train de me monter un vieux PC, avec un petit disque 2 Go, etc. J'ai cinq lecteurs disquettes chez moi, dont deux qui étaient utilisées, je les ai tous fusillés ! J'en ai marre, tout ça à cause du disque dur de 2 Go... C'est vraiment n'importe quoi, sur tous les PC où j'ai branché ce disque, les lecteurs disquettes gardent leur voyant vert allumé, et font un sale bruit quand on met une disquette, c'est vraiment incroyable ! J'ai jamais vu ça, comment un putain de disque dur peut griller des lecteurs de disquettes ! ? Ou si vous savez réparer mes cinq pauvres lecteurs de disquettes, dites-le-moi, je suis à bout de nerf ! »

Les exemples de peur de péter un câble concernant l'informatique : mise en place d'un nouveau logiciel ou matériel, contrat avec le fournisseur d'Internet et autres abondent sur la toile. La patience des utilisateurs est mise à rude épreuve et il semble que le pétage de plomb dans ce contexte soit plutôt la peur d'une grosse colère qui enverrait promener tout ce matériel et l'endommagerait.

LE PÉTAGE DE CÂBLE DES PEOPLE

On trouve aussi des exemples de pétage de câble de personnalités politiques ou d'écrivains en vue, vidéos ou textes d'interviews à l'appui. Il s'agit d'épisodes au cours desquels des personnalités, sans doute sous pression, se mettent en colère, tiennent des propos choquants ou adoptent des comportements politiquement incorrects, l'abus de substances toxiques pouvant éventuellement être en cause.

Le pétage de câble peut ainsi se rapporter à tout comportement qui sort de la normalité, la normalité étant conçue comme un strict contrôle de ses comportements : ne pas se mettre en colère devant la contrariété, avoir l'air heureux avec trois enfants en bas âge quoi qu'il arrive. À l'opposé, le pétage de plomb décrit aussi des états franchement pathologiques.

Qu'est-ce qui est normal et qu'est-ce qui ne l'est pas ?

Le pétage de câble implique de passer d'un état dit normal à un état anormal. L'image implique quelque chose de brutal et une différence d'état psychique importante et clairement perceptible. Une sorte d'avant et d'après : l'après étant quelque chose de l'ordre de la folie ou de l'anormal.

Mais qu'est-ce qui est normal et qu'est-ce qui ne l'est pas en matière de fonctionnement psychique ?

Les psychiatres sont assez souvent amenés à rencontrer des personnes que tout le monde considère comme normales et qui se révèlent franchement pathologiques. Inversement, des personnes viennent à la psychiatrie alors qu'elles n'ont aucun problème sérieux. Les définitions grand public des maladies mentales sont assez différentes de celles que reconnaît la psychiatrie tant dans les dénominations que dans les signes reconnus comme « anormaux ».

La perception même par chacun de ce qui est anormal peut varier considérablement. Par exemple, la tolérance à l'angoisse ou à la souffrance psychique est très différente suivant les personnes. Cela apparaît clairement dans les enquêtes réalisées auprès de la population générale où l'on voit très bien qu'à un niveau de symptômes apparemment équivalent, certains sont très gênés dans leur vie quotidienne, d'autres beaucoup moins. Certains consultent un médecin ou un « psy », alors que d'autres considèrent que cela passera et ne consultent personne.

La difficulté à définir la frontière « normal/pathologique » est particulièrement bien connue des épidémiologistes de la santé mentale.

En effet, pour un soignant qui reçoit un patient qui lui demande de l'aide, la question est en général de savoir de quel problème il s'agit et quelle est l'aide la plus appropriée. La personne a une demande d'aide et la question de sa normalité ou de son anormalité ne se pose pas vraiment.

Les épidémiologistes ont une démarche différente puisqu'ils doivent, eux, évaluer la quantité de problèmes au niveau d'une population. Pour cela, ils tirent au sort des personnes comme pour les sondages sur les intentions de vote, et leur posent des questions pour déterminer si elles souffrent ou non d'un problème de santé mentale. Parmi les personnes interrogées, certaines ont des problèmes sévères et sont suivies par des psychiatres, voire ont été hospitalisées, certaines n'ont pas de problème ou du moins pas de problème qui apparaisse vraiment sévère, et elles n'ont pas de contact avec la psychiatrie. Le plus troublant, lorsqu'on procède à ces enquêtes, est que l'on trouve des personnes qui semblent avoir des problèmes très sévères et n'ont demandé aucune aide professionnelle, et d'autres qui ne semblent pas avoir de problèmes très sévères, mais sont suivies régulièrement en psychiatrie.

La définition des limites entre normalité et anormalité est donc particulièrement difficile lors de ces enquêtes. En effet, on y considère par exemple comme « malade » une personne qui a de nombreux symptômes de dépression ou d'anxiété qui retentissent sur sa vie quotidienne et impliquent une grande souffrance, même si elle vit avec et n'a demandé aucune aide à un professionnel alors qu'elle a besoin de soins, et « non malade » une personne qui a demandé des soins et mais ne rapporte que quelques symptômes sans gêne très importante dans sa vie quotidienne. En effet, comme nous le verrons plus en détail, le fait de rechercher de l'aide pour un problème de santé mentale est une démarche très complexe et souvent les personnes qui en ont le plus besoin ne sont pas capables de faire cette démarche.

Névroses, psychoses, des maladies très diverses

On peut dire qu'en gros les maladies mentales se divisent en deux catégories.

Celles qui impliquent des manifestations que les personnes dites normales n'ont en principe jamais, comme délirer, c'est-à-dire voire des choses que personne d'autre ne voit ou encore entendre des voix que personne d'autre n'entend. Ces manifestations peuvent se produire chez des personnes « normales » qui ont pris des substances hallucinogènes par exemple, mais c'est alors sous l'effet d'une drogue et en principe ces manifestations vont disparaître une fois que la drogue ne fait plus d'effet. Ces maladies sont appelées *psychoses* et sont relativement rares. Parmi elles, un type de délire se rapproche déjà de sentiments qui peuvent survenir chez les « normaux », c'est le délire de persécution : les gens pensent qu'on les épie, qu'ils sont suivis. Or ces choses peuvent aussi arriver dans la réalité de chacun ou presque, lors d'un conflit professionnel ou conjugal ou tout simplement dans la rue, et la frontière entre normal et pathologique est d'autant plus difficile à évaluer que ce type de conflit aigu fragilise les personnes et les rend particulièrement vulnérables.

Il y a aussi ce que les psychiatres appellent la manie qui n'a rien à voir avec ce qu'on appelle en langage courant avoir des manies. La manie au sens psychiatrique est, en effet, l'inverse de la dépression, avec laquelle elle peut alterner dans le *trouble bipolaire*. Les personnes en état maniaque sont très excitées, ont des idées de grandeur délirantes, ne dorment plus, parlent si vite qu'on a de la peine à les suivre et changent très souvent d'idées ; elles peuvent aussi avoir des comportements bizarres : des achats très au-dessus de leurs moyens, une activité sexuelle débridée ainsi que des comportements violents qui amènent souvent à les faire hospitaliser contre leur gré. Cet état peut être moins marqué, on parle alors d'hypomanie et la personne conserve une hyperactivité et les mêmes symptômes que ceux décrits ci-dessus mais à un degré moindre.

Les autres maladies appelées autrefois *névroses* sont des exagérations de sentiments normaux : par exemple, la dépression est une caricature du deuil et les troubles de l'anxiété des caricatures de la peur. Il devient donc encore plus difficile de faire la distinction entre, par exemple, un deuil dit « pathologique » – c'est-à-dire dont les symptômes d'intense tristesse accompagnés d'insomnie, de perte d'appétit, de difficultés à se concentrer, voire de désir de mort durent plus de deux mois –, et le deuil dit « normal » dont la phase aiguë ne devrait pas dépasser cette durée. Le même raisonnement s'applique aux troubles d'anxiété post-traumatique : quand une personne a vécu un traumatisme majeur, elle a tendance à faire des cauchemars, à se remémorer l'événement, à éviter tout ce qui pourrait la faire repenser à lui ; ce sont des mécanismes normaux jusqu'à un certain point au-delà duquel on parle de réaction « anormale » en durée et/ou en intensité (on porte alors le diagnostic d'anxiété post-traumatique).

Les *phobies* font également partie de la catégorie des troubles anxieux : peur se retrouver dans un lieu clos ou au contraire dans une foule, peur des serpents ou de la vue du sang qui sont partagées par de nombreuses personnes, ou encore une peur terrible de rencontrer des personnes qu'on ne connaît pas, de parler ou manger en public. Le *trouble obsessionnel compulsif* (TOC) est le besoin incontrôlable de vérifier plusieurs fois que la porte ou le gaz sont fermés ou encore de se laver sans cesse les mains par peur des microbes ou encore la peur soudaine de faire du mal à quelqu'un de son entourage. Enfin, des personnes se font constamment du souci pour des choses qui ne constituent pas des préoccupations pour d'autres qui vivent dans la même situation, elles ont des crises soudaines d'angoisse... Toutes ces peurs sont d'une grande banalité : là encore, c'est leur intensité et leur association à d'autres critères qui en font des « anormalités », des troubles qui correspondent à des diagnostics.

Les troubles liés à l'alcool ou aux drogues pourraient sembler relativement tranchés dans le sens où le premier degré de l'anormalité est l'abus, c'est-à-dire un usage exagéré : une consommation en grande quantité et/ou pendant une longue période accompagnée des conséquences sociales de cet abus : retrait du permis de conduire, problèmes conjugaux ou professionnels... Là encore on voit bien que la tolérance à ce qu'on appelle une consommation excessive et l'évaluation des conséquences sociales de cet excès peuvent être assez variables suivant la situation sociale des individus et la société dans laquelle ils vivent. Le stade suivant dit de « dépendance » pose moins de problèmes car les signes deviennent physiques : l'organisme ne peut plus se passer du produit et l'individu a des symptômes de manque clairement pathologiques. On rapproche de ces troubles les autres dépendances comme les troubles du comportement alimentaire : la boulimie qui consiste à manger sans pouvoir s'arrêter même si on n'a pas faim, parfois par crises, quitte à se faire vomir ensuite, et l'anorexie mentale qui, bien que son contraire, peut coexister chez la même personne. Celle-ci alterne des périodes où elle mange trop avec des périodes où elle ne mange rien et fait exagérément de l'exercice, au point d'atteindre un poids si bas que ses règles s'arrêtent et que, si rien n'est fait, sa vie est en danger.

Une autre catégorie de troubles est encore plus difficile à cerner : les personnalités pathologiques. La plus connue est probablement la personnalité antisociale. Violence, agressivité : la personne semble dépourvue de sens moral. Mais les sociologues estiment que les limites de ce trouble sont aussi celles de la tolérance sociale : plus les interdits sont nombreux et pénalisés, plus les risques d'enfreindre la loi sont élevés et par conséquent plus la frontière est facile à franchir. Entrent aussi en compte les circonstances de vie qui placent les personnes dans des situations à risque. Les troubles de la personnalité englobent évidemment d'autres dimensions comme un égoïsme exagéré, la nécessité d'une constante attention de la part des autres, une tendance à « théâtraliser », pour ne citer que les plus connues.

On voit donc que pour la plupart de ces problèmes, la question de la délimitation entre ce qui est normal et ce qui ne l'est pas n'est pas dans la nature même de la manifestation mais dans son intensité, une fréquence, une durée et ce qu'on appelle une sévérité qui en fait n'est pas si simple à définir.

Génétique, environnement et sentiments inconscients

De fait, les symptômes, ces manifestations que recherchent les médecins pour poser un diagnostic, ne sont que le reflet que quelque chose ne va pas bien, un peu comme la fièvre ou la douleur. Dans le détail, l'esprit humain, quand il va mal, s'exprime dans plusieurs registres, mais ces manifestations peuvent correspondre en fait à plusieurs maladies. Comme on ne trouve pas de lésions du cerveau qui signent les maladies ou que, quand on en trouve, on ne sait pas si elles sont la cause ou la conséquence des troubles, on se base sur ce que les médecins observent chez leurs patients. La psychiatrie, comme la médecine, a ainsi progressé grâce à l'observation de patients ayant des troubles similaires, ce qui a permis de décrire les maladies.

Avec le temps et les progrès des examens biologiques et radiologiques, on a trouvé l'origine de nombreuses maladies. Cependant, pour les maladies mentales, ces investigations sont moins nombreuses et renseignent sur le fonctionnement cérébral qui n'est qu'une partie du problème.

En effet, l'homme et sa pensée ne sont pas que la résultante de mécanismes intracérébraux, même si de fait les émotions et les comportements sont produits *in fine* par des flux entre des connexions neuronales elles-mêmes déclenchées par des substances chimiques. L'homme a un potentiel génétique et une histoire particulière. Et de plus en plus on s'aperçoit que les interactions entre environnement et potentiel génétique sont très importantes. Certaines facultés ou déficiences ne sont révélées qu'en situation, certains traits ne se développent que dans des conditions particulières, même si par la suite ces traits sont indélébiles.

Il y a aussi le rôle joué par des sentiments inconscients qui ne sont par définition pas perçus autrement que dans les rêves ou dans des actes qui n'ont, en apparence du moins, aucun sens. L'existence de l'inconscient est affirmée par certains, farouchement niée par d'autres, mais son postulat permet une lecture logique de comportements qui semblent chaotiques si l'on n'en comprend pas le sens caché. Par exemple, certaines personnes se trouvent dans des difficultés dont elles arrivent à se sortir avec peine, mais répètent ensuite les mêmes situations, reconstituent les mêmes problèmes. Le fait de vivre ces difficultés produit des sentiments d'angoisse et de dépression qui perdurent avec cette tendance à se mettre dans des situations difficiles qui rend la « guérison » très difficile.

Cependant, le fait de se retrouver dans des situations conflictuelles ou des impasses n'entre pas généralement dans ce que les personnes considèrent comme péter un câble dans la mesure où ces situations se sont installées sur une longue période de temps. Le pétage de câble serait dans ce cas une sorte de dénouement par une crise bruyante, une « crise de nerfs », voire une tentative de suicide.

La « crise » qui conduit parfois aux urgences psychiatriques est donc une sorte de point de rupture avec une situation vécue tout à coup comme insupportable, souvent parce que l'on est sous l'effet de l'alcool ou d'une substance qui augmente l'intensité des sentiments et diminue les inhibitions. Cette irruption de ce qui est habituellement refoulé rend la personne agressive verbalement et/ou physiquement contre elle-même ou contre d'autres. Quand ces comportements dérangent l'ordre public, ils constituent une crise qui peut provoquer l'intervention des services d'ordre ou une conduite aux urgences même si les blessures physiques ne sont pas très importantes.

Il existe bien entendu d'autres types de crise psychiatrique : les moments aigus de maladies beaucoup plus rares comme la schizophrénie ou le trouble bipolaire. Mais même dans ces cas, la crise a souvent été déclenchée par un événement personnel bouleversant.

On voit bien que la frontière entre ce qui est normal et ce qui ne l'est pas est loin d'être évidente et dépend de nombreux facteurs de tolérance personnels et sociaux.

Des critères qui évoluent avec leur temps

Les professionnels de la santé mentale utilisent des classifications pour établir leur diagnostic et communiquer entre eux sur les patients afin de faire progresser les traitements. Ces classifications sont des sortes de dictionnaires qui répertorient tous les signes que l'on connaît et les organisent en maladies mentales. Celles-ci sont régulièrement révisées en fonction des avancées de la science et des observations des psychiatres.

Certains diagnostics ont disparu des classifications, comme celui de l'homosexualité, sous l'influence des groupes de pression homosexuels. L'homosexualité n'est plus considérée comme une maladie. La définition de la dépression et celle de certains troubles de l'anxiété ont été modifiées récemment. Par exemple, alors qu'on appelait épisode dépressif majeur un état marqué et durable de tristesse, de désintérêt, accompagné de plusieurs symptômes comme les troubles du sommeil, de l'appétit, de la concentration, un ralentissement et des idées de mort, un nouveau critère a été ajouté : la nécessité d'un retentissement marqué sur le fonctionnement. En effet, on s'est aperçu que de nombreuses personnes présentaient de tels épisodes, et on a décidé de ne considérer comme « majeurs » que ceux qui produisaient une gêne marquée dans les différents secteurs de la vie des personnes qui en souffraient. Ces critères de gêne marquée dans la vie étaient déjà appliqués aux phobies, ils différencient la peur exagérée « sentiment normal » de la maladie phobique qui constitue un handicap et doit conduire à un traitement.

On voit bien les limites de cette définition : prenons la claustrophobie, c'est-à-dire la peur d'être dans un ascenseur, dans un avion ou d'une façon générale dans un endroit fermé. Le retentissement sur sa vie sera bien différent selon que l'on vit et travaille dans un univers où l'on doit prendre des ascenseurs ou voyager continuellement en avion ou si l'on vit à la campagne et que l'on n'a pas à voyager.

La question reste néanmoins ouverte : les personnes phobiques développeraient-elles la maladie de toute façon ? Est-ce seulement l'objet de leur phobie qui est modulé par le mode de vie et par l'actualité ? Il existe depuis la maladie de la vache folle des phobies de la contamination de la viande. Il existe aussi aujourd'hui une phobie des ondes pour ceux qui vivent près d'antennes relais pour les portables ou encore des phobies de la nourriture en général : les engrais mis dans les fruits et les légumes, ou la façon dont les poulets sont élevés. Cela peut aller d'une conscience des effets nocifs de certaines pratiques alimentaires industrielles sans conséquence sur l'équilibre mental des personnes qui éventuellement se résignent ou mangent

« bio », à de vrais problèmes. Certains n'arrivent plus à vivre dans cet environnement, déménagent régulièrement, n'arrivent plus à se nourrir au point de maigrir, d'être très fatigués et de développer facilement des maladies infectieuses.

Les résultats d'enquêtes de population ont également soulevé le problème de la fréquente association des troubles. Par exemple, les personnes qui souffrent de dépression ont souvent des signes d'anxiété. Ces troubles ont d'ailleurs des symptômes communs comme les difficultés de concentration ou les troubles du sommeil. Inversement, les troubles anxieux peuvent aussi être accompagnés de troubles dépressifs ou de troubles d'addictions à l'alcool ou à d'autres drogues. Dans ce cas, il peut s'agir d'automédication : les personnes ont des problèmes d'anxiété, par exemple, elles ont peur de se présenter devant des personnes qu'elles ne connaissent pas et elles boivent ou fument du haschich pour dépasser ces peurs. Mais le remède est pire que le mal, et elles deviennent dépendantes de l'alcool ou du cannabis pour mener une vie dite normale. Les conséquences de l'usage de ces substances s'ajoutent à leur anxiété pathologique. Cela peut aussi arriver aux personnes qui souffrent de dépression et qui essaient de se remonter le moral avec de l'alcool : si l'alcool rend dans un premier temps relativement euphorique et fait oublier les angoisses, il les accentue dans un second temps et un cercle vicieux se met en place. Les troubles anxieux peuvent quant à eux provoquer une dépression lorsqu'on se désespère d'avoir des crises d'angoisse ou que l'on est cantonné chez soi par peur des inconnus ou de la foule.

La présence conjointe de symptômes dépressifs et de symptômes anxieux est tellement fréquente qu'on a proposé de parler plutôt de troubles anxiodépressifs et qu'on finit par se demander s'il s'agit vraiment de maladies différentes ou de l'expression commune d'une même maladie.

Cette fréquente « comorbidité » ajoutée à la continuité entre le normal et le pathologique représente une vraie difficulté pour les classifications. Au point que certains ont proposé de les réviser en ajoutant aux diverses descriptions des maladies, une sorte d'échelle de gravité valable pour toutes les maladies.

Résistance et résilience

Finalement chaque élément de la vie peut devenir un stress, une pression sur l'individu qui arrive ou non à s'adapter à cet environnement.

Bien entendu, dans des circonstances extrêmes – attentats, guerres –, le stress atteint tout le monde. Cependant, les conséquences varient selon les personnes et chez la même personne selon la période de sa vie où cet événement a lieu. Les circonstances qui entourent ces événements sont aussi très importantes : la reconnaissance du traumatisme par la société, sa réparation matérielle et morale sont des éléments très importants ainsi que le fait que l'événement ait été vécu par une personne seule ou par un ensemble de personnes partageant des valeurs ou une culture communes.

En tout cas, confrontés à des événements en apparence identiques, nous avons tous des réactions différentes à court et à long terme. La tolérance aux événements négatifs et positifs, qui sont aussi des stress puisqu'ils demandent une adaptation, est très différente selon les personnes. Ainsi, certaines personnes parviennent à résister à des traumatismes très importants quand d'autres s'effondrent pour des choses qui paraissent anodines ou facilement gérables à la plupart des gens. Cette capacité à résister a été appelée résilience, du nom de la capacité des métaux à résister aux chocs et à l'élongation. C'est aussi un emprunt au vocabulaire de la mécanique pour désigner les choses de l'esprit.

La résistance aux traumatismes peut aussi être différente suivant les types de traumatismes et leur objet ; par exemple, une mère de famille peut être très vulnérable à des traumatismes touchant ses enfants et très résistante aux menaces de sa vie professionnelle alors que ce sera l'inverse pour un homme. Ceci n'est pas forcément la règle, et on peut aussi voir le contraire : des mères de famille qui s'effondrent pour des problèmes professionnels alors qu'elles sont très résistantes pour des problèmes concernant la santé de leurs enfants.

En fait, quels que soient les problèmes de santé mentale, on voit qu'il y a un continuum entre des troubles légers, moyens et très sévères et que la limite entre maladie et normalité n'est jamais tranchée. Prenons le cas de la dépression. Certaines personnes qui n'ont jamais vraiment eu de dépression maladie ou d'épisode dépressif majeur tel que défini par les critères dont nous avons déjà parlé, sont facilement tristes et « prennent mal » la plupart des difficultés. Dans ce cas, on parle de dépressivité ou de personnalité dépressive sans qu'il s'agisse d'une maladie dépressive. Ces mêmes personnes peuvent, à un moment donné, avoir une dépression maladie, mais ce n'est pas toujours le cas. Des chercheurs ont suivi pendant des années des femmes de milieux très défavorisés et ont observé qu'en cas d'événements négatifs nombreux, situations d'impasse ou événements humiliants, la fréquence de la dépression maladie augmentait. Cependant, ils ont aussi observé que certaines femmes avaient des facteurs de protection et d'autres des facteurs de vulnérabilité qui faisaient que, dans des circonstances identiques, les unes étaient tristes ou désespérées mais ne basculaient pas dans la dépression maladie, d'autres oui. Le fait d'avoir une bonne ou faible estime de soi était un pivot essentiel, mais aussi par exemple le fait d'avoir perdu sa mère très jeune, de ne pas avoir un travail à l'extérieur ou d'être en charge de très jeunes enfants. Ce qui est encourageant est que la survenue d'événements positifs comme un meilleur logement permettait à ces femmes de sortir de leur dépression et d'aller bien.

Ces études montrent bien les passages entre la dépressivité, le désespoir et la dépression « maladie » sans pour autant qu'aucun de ces passages ne soit inéluctable ou irréversible dans des conditions sociales pourtant très difficiles.

Ces mêmes éléments s'appliquent aux troubles psychotiques et ces chercheurs ont d'ailleurs commencé leurs études par les psychoses. Ils ont démontré que le fait d'avoir un délire est lié à des événements traumatisants et aux attitudes que les proches adoptaient. Par exemple, dans les familles où les sentiments concernant le patient étaient fréquemment exprimés et où les attentes vis-à-vis de lui étaient importantes, les patients avaient plus tendance à rechuter que dans les familles où ce n'était pas le cas. L'attitude la plus favorable semble donc être une distance bienveillante vis-à-vis de ces personnes qui ont beaucoup de mal à gérer les émotions, les leurs et celles de leurs proches.

Même pour ces troubles sévères, on s'intéresse de plus en plus à un continuum utile à connaître pour prévenir les épisodes psychotiques chez les jeunes. On a par exemple observé que les jeunes adultes qui souffrent de schizophrénie avaient été des enfants excessivement timides qui avaient beaucoup de mal à gérer les relations sociales même si par ailleurs ils apparaissaient comme normaux. On s'est aussi aperçu qu'ils avaient souffert d'anxiété et qu'ils avaient quelques autres symptômes de type neurologique. Ces troubles peuvent évidemment être présents chez des enfants qui ne souffriront jamais de schizophrénie, d'où la difficulté à trouver les critères les plus sélectifs possibles pour suivre ces enfants et leur proposer une aide qui pourrait à la fois leur éviter de délirer et leur permettre de gérer au mieux leurs difficultés relationnelles en s'appuyant sur leur intelligence qui souvent est très développée.

Psychiatrie et santé mentale : deux besoins différents

Les demandes faites à la psychiatrie se sont considérablement élargies au point que tout événement qui sort de l'ordinaire et qui nécessite par définition une adaptation psychologique, toute situation difficile à vivre relève d'une demande psychiatrique potentielle.

Une cellule d'accompagnement de crise est proposée chaque fois qu'un événement semble à risque pour un groupe, et comme le risque zéro n'existe pas et que chacun craint une mise en cause de sa responsabilité, l'intervention peut avoir lieu pour des événements très éloignés des traumatismes majeurs auxquels elle était censée s'appliquer à l'origine.

La maladie mentale a été et est encore stigmatisée : le malade mental fait peur, et on n'ose pas trop parler de ce genre de maladies. Fort heureusement, les choses ont évolué et si les troubles les plus spectaculaires comme les délires font toujours peur, on aborde plus facilement la dépression ou les angoisses. L'Organisation mondiale de la santé a proposé de mettre en avant le concept de santé mentale qui semble moins stigmatisant que celui de maladie mentale. La santé mentale recouvre donc des états très divers qui vont de la santé mentale positive – capacité à être heureux ou à résister aux stress – à ce qu'on appelle les troubles mentaux, aussi appelés auparavant maladies mentales.

Du coup, ce concept très général de santé mentale a généré une sorte de confusion entre :

– des troubles passagers ne nécessitant aucune intervention particulière, des troubles peu sévères et fréquents comme la détresse psychologique ou le « mal-être » qui relèvent plutôt d'interventions psychologiques, voire sociales ou « psychosociales », dites de première ligne, dans lesquelles le médecin généraliste doit jouer un rôle essentiel ;

– les troubles psychiatriques sévères et complexes qui relèvent de la psychiatrie.

Cette confusion des champs d'intervention met, comme nous le verrons, la psychiatrie en grande difficulté, en la submergeant de problèmes pour lesquels d'autres intervenants plus nombreux et plus disponibles devraient être mobilisés même si la délimitation entre le domaine de la santé mentale et celui de la psychiatrie n'est pas simple à faire et encore moins à mettre en place dans un système de soins.

Cette constatation fait qu'aujourd'hui les réflexions sur l'organisation des soins se penchent sur les deux concepts et tentent d'une manière ou d'une autre de trouver des solutions pour répondre à ces deux types de besoin de manière adaptée.

CHAPITRE 2

Ce qui peut nous faire basculer

Les troubles mentaux sont-ils d'origine génétique ?

La présence dans sa famille de personnes ayant des troubles mentaux augmente-t-elle le risque d'avoir soi-même un trouble mental ?

Le fait qu'il existe une composante génétique à la plupart des maladies mentales est bien documenté : de nombreuses études ont calculé le risque en fonction du degré de parenté par rapport au membre de la famille présentant un trouble bipolaire, une schizophrénie, des troubles obsessionnels compulsifs ou encore certains troubles du comportement.

À partir de l'étude de jumeaux homozygotes (qui ont exactement les mêmes gènes), dizygotes (qui ont la même ressemblance génétique que des frères et sœurs ordinaires) et de demi-frères ou demi-sœurs, on a constaté que la fréquence des maladies varie avec les différents degrés de ressemblance génétique. On peut aussi étudier des familles complètes avec leurs arbres généalogiques et voir comment se transmet la maladie entre cousins germains et éloignés.

D'autres études ont étudié les effets de l'environnement et ceux de la génétique en suivant des enfants adoptés. On a ainsi pu constater que, pour certaines maladies, le risque était plus élevé pour la fratrie même si les frères et sœurs avaient été élevés dans des familles différentes.

Si toutes ces études ont permis de confirmer une influence génétique certaine, par exemple pour la psychose maniaco-dépressive, elles ont aussi établi qu'une maladie mentale ne répond pas à un modèle génétique simple dans lequel un gène bien identifié transmettrait la maladie. Ceci signifie que si les gènes jouent un rôle certain dans le risque d'avoir une maladie, il est modulé par de nombreux autres facteurs environnementaux et génétiques qui font que si les risques sont plus élevés, la personne peut ne pas souffrir du tout de la maladie qui a frappé sa famille ou souffrir d'une forme mineure qu'elle gère très bien.

Non seulement les personnes présentant un risque génétique élevé peuvent en quelque sorte compenser ce risque grâce à un environnement favorable, mais encore la plupart des maladies s'étalent sur un continuum qui va de la maladie dans son état complet, à des traits isolés de cette maladie. Par exemple, certaines personnes souffrent de dépression « maladie » et d'autres n'ont que des traits dépressifs, c'est-à-dire une tendance à être triste facilement. Certaines personnes souffrent de schizophrénie et ont de grandes difficultés dans les contacts interpersonnels alors que d'autres ont un caractère distant et ne sont pas chaleureuses, sans pour autant présenter une telle maladie.

Dans les études de population, on s'aperçoit que les personnes qui se rencontrent et fondent un foyer ensemble ont tendance à se ressembler suivant le vieux dicton « qui se ressemble s'assemble ». Cette tendance a des conséquences génétiques très importantes : en effet, les enfants de deux personnes ayant des traits dépressifs sans toutefois souffrir de maladies dépressives, cumulent les susceptibilités génétiques pour la dépression. Il en va de même pour les personnes qui sont très distantes et ont du mal à être chaleureuses. Non seulement les risques génétiques se cumulent, mais le fait d'être soi-même limite rend moins apte à compenser les difficultés de son propre enfant. L'enfant a donc moins de chances de rencontrer un environnement qui compensera ses difficultés à se réjouir ou à se sentir proche des autres. Quand les enfants vivent dans des familles étendues et sont en contact régulier avec des tantes, des oncles, des grands-parents, ils peuvent rencontrer des personnes proches qui ont la capacité de créer cet environnement favorable, mais dans la famille nucléaire ce sera plus difficile sauf à ce que les parents soient aidés par un professionnel de santé.

Enfin, la transmission génétique est complexe : une maladie, par exemple la psychose maniaco-dépressive peut se transmettre sous d'autres formes. On a pu constater que les membres de la famille des personnes souffrant de ces troubles, peuvent avoir une fréquence plus élevée de troubles anxieux ou d'une forme de schizophrénie particulière qui est en quelque sorte à mi-chemin entre la PMD et la schizophrénie : la psychose schizo-affective.

Si la PMD a été la maladie la plus étudiée quant à sa génétique, d'autres l'ont été aussi. Les enfants d'un parent schizophrène ont un risque de 12,8 % de l'être eux aussi, qui s'élève à 46,3 % si les deux parents souffrent de cette maladie. Pour les troubles obsessionnels compulsifs, les parents du premier degré ont un risque multiplié par quatre de présenter ce trouble.

Dans l'autisme, le taux de concordance est de 73 % chez les jumeaux monozygotes, alors qu'il n'est que de 7 % chez les dizygotes. Ces différences signent une hérédité génétique, mais celle-ci reste complexe et des recherches sont en cours pour déterminer quels sont les gènes impliqués dans cette maladie rare et sévère qui touche les enfants à un très jeune âge.

Malgré les progrès de la génétique, aucun gène précis n'a encore été identifié pour une quelconque maladie mentale même si pour deux d'entre elles, la PMD et l'autisme, des espoirs sont permis dans un avenir relativement proche. Toutes les études familiales démontrent la complexité des transmissions. Il est donc probable que nous avons des sensibilités génétiques à certaines maladies ou certains traits de caractère, mais que ces transmissions ne sont pas simples et que l'effet de l'environnement est très important.

LE RÔLE DE L'UTILISATION DES TOXIQUES, EN PARTICULIER LE HASCHICH ET L'ALCOOL, SUR LA SURVENUE DES IDÉES DÉLIRANTES

De nombreuses études conduites sur des patients souffrant de schizophrénie montrent un usage élevé de cannabis parmi eux. On a longtemps pensé que ces patients utilisaient le cannabis comme une sorte de médicament pour lutter contre l'angoisse, mais on s'est aperçu que ceux qui prenaient du cannabis étaient entrés dans la schizophrénie plus tôt que les autres. La question s'est alors posée de savoir si le cannabis ne précipitait pas une psychose chez un sujet fragile qui autrement n'aurait peut-être pas eu ces troubles.

L'étude des patients qui prennent du cannabis et de l'alcool montre par exemple que la fréquence d'utilisation du cannabis est corrélée à la présence de délire et à une absence assez caractéristique de motivation pour entreprendre, très présente chez les personnes souffrant de troubles psychotiques.

Des études qui ont suivi des jeunes sur une longue période semblent montrer que la prise de cannabis favoriserait l'éclosion des troubles psychotiques. D'ailleurs, l'administration expérimentale de cannabis déclenche des hallucinations. Ces constatations ont conduit à l'hypothèse de sites cérébraux particulièrement sensibles au cannabis à cause d'une hypersensibilité génétique. Cette sensibilité particulière ferait qu'en présence de cannabis les personnes présenteraient, par exemple, des idées de persécution alors que cet effet n'apparaît pas chez les personnes qui n'ont pas cette fragilité. Cette constatation a des répercussions importantes sur une politique de prévention des maladies mentales, surtout si l'on peut détecter les personnes à risque et éviter qu'elles soient en contact avec un produit qui pourrait déclencher un épisode délirant qui est un traumatisme très grave tant pour la personne que pour son entourage. La mise en œuvre d'une telle politique est rendue complexe par le fait qu'un usage festif de cannabis n'est pas dangereux pour la majorité des gens et que malheureusement ce sont les personnes les plus fragiles psychologiquement qui ont tendance à l'utiliser le plus fréquemment.

D'autres études ont montré les effets négatifs de la cocaïne ou des amphétamines qui provoquent des délires paranoïaques. L'alcool peut provoquer des troubles délirants, mais a surtout été mis en cause dans les actes de violence contre soi-même dans les cas de suicide ou de violence contre les autres pouvant à son tour engendrer des traumatismes psychiques et physiques graves.

Du stress au traumatisme

LE TROUBLE DE STRESS POST-TRAUMATIQUE

Les premières descriptions des effets de stress majeurs sur la santé mentale nous proviennent des médecins militaires, tout particulièrement durant la Première Guerre mondiale. Un livre récent porté à l'écran, *Un long dimanche de fiançailles*, décrit un très jeune homme qui, confronté à la mort d'une manière particulièrement horrible, bascule dans la folie puis l'amnésie. Les médecins militaires ont en effet décrit des cas de jeunes qui deviennent « fous », c'est-à-dire se mettent à délirer sous l'effet d'une confrontation brutale et directe avec la mort et la violence. D'autres cas de délires ont aussi été décrits lors de l'immigration rurale au début du siècle dernier, quand des jeunes gens venus des campagnes se trouvaient confrontés à une vie urbaine, dans des conditions très difficiles.

La guerre du Vietnam ou la guerre d'Algérie, plus proche de nous, ont elles aussi démontré l'effet très déstructurant des guerres, qui peuvent provoquer une maladie mentale spécifique : la névrose post-traumatique, devenue état de stress post-traumatique.

En fait, ce passage de la névrose qui implique une rencontre entre une personne et un événement, à un état qui est une sorte de condition objective, représente un tournant dans l'histoire de ce type de réaction. Dans la mesure où les réactions à des traumatismes extrêmes ont surtout été étudiées en temps de guerre, le contexte historique a pesé sur la place qui leur était faite : au début la question a surtout été de faire la différence entre les traumatisés et les simulateurs qui voulaient échapper à la guerre. Le roman que nous avons cité sur la Première Guerre mondiale aborde ce problème à sa façon. Il en a résulté une sorte de suspicion vis-à-vis des traumatisés, soupçonnés d'exagérer ou d'avoir provoqué le traumatisme.

Par la suite, en particulier dans le contexte des vétérans du Vietnam, on a essayé d'isoler le traumatisme, en l'étudiant d'une façon indépendante des personnes qui en étaient victimes, pour déterminer un niveau de traumatisme au-dessus de la norme des événements négatifs de la vie. On estime ainsi que, confrontées à ces événements extrêmes, toutes les personnes subissant un tel traumatisme auraient normalement des réactions après coup. Ce postulat permet d'établir la définition de l'état de stress post-traumatique qui accompagne certains types d'événement dits « traumatisants » dont la liste fait partie de la définition du trouble.

En fait l'observation des effets de ces expositions à des traumatismes extrêmes a montré que si certaines personnes semblaient « avoir pété un câble », d'autres exposées aux mêmes traumatismes gardaient leur sang-froid et ne présentaient pas de tels troubles. Qui plus est, si certaines présentent des réactions comme celles qui sont décrites dans l'état de stress post-traumatique, c'est-à-dire des souvenirs répétés du traumatisme, des cauchemars et l'évitement de tout ce qui peut y faire penser, d'autres peuvent réagir plus tard par des dépressions sévères ou une dépendance à la drogue ou à l'alcool.

Si les conflits armés et les traumatismes qui les ont accompagnés ont constitué les bases à partir desquelles les effets des traumatismes ont été étudiés, ils ne résument pas tous les traumatismes qui peuvent provoquer des troubles psychiques. En Europe, les traumatismes les plus fréquemment rapportés lors d'une enquête de population étaient sur les douze derniers mois : la mort subite d'un être cher ou le fait d'être témoin du décès de quelqu'un, vécus par une personne sur cinq, suivis par les accidents d'automobile, l'annonce d'une maladie mettant en jeu le pronostic vital, ou être attaqué ou menacé par une arme à feu, vécus par une personne sur dix.

Les autres événements sont plus rares (vécus par moins de 5 % des personnes) et sont : avoir un enfant atteint d'une maladie grave, avoir été suivi ou espionné, la révélation d'un secret de la vie privée, avoir été attaqué sexuellement ou violé, mais aussi avoir été battu physiquement par un proche ou un inconnu, avoir subi un désastre naturel ou causé par l'homme ou avoir été exposé à un événement ou des produits chimiques, ainsi que le fait, rarissime, d'avoir été kidnappé.

Dans cette enquête européenne qui portait sur six pays dont la France, moins d'une personne sur dix déclaraient avoir séjourné en zone de combat en tant que civils et moins de 5 % déclaraient y avoir séjourné en tant que force de maintien de l'ordre, ou avoir vécu dans des régions où régnait la terreur, ou encore comme réfugiés.

Tous événements traumatiques confondus, la fréquence d'un trouble dit post-traumatique est relativement faible – 1,1 % durant les douze derniers mois – et on remarque que l'accumulation des événements est particulièrement délétère : les personnes qui souffrent de troubles caractérisés en ont connu au moins trois en moyenne, et certains événements amènent plus que d'autres à ces troubles.

Les études sur l'état de stress post-traumatique ne sont pas neutres dans la mesure où généralement, elles débouchent sur une reconnaissance de responsabilité et une indemnisation des dommages. L'attribution du terme post-traumatique implique, en effet, que la personne était parfaitement normale avant le traumatisme et que c'est ce dernier qui l'a rendue malade, ce qui est souvent bien difficile à affirmer dans un contexte où le statut de victime peut apporter une pension à vie et des dédommagements importants.

On se rend compte qu'en fait le risque de « péter un câble » vient de la rencontre, à un moment donné, d'une personne avec un événement et qu'il est bien difficile de faire la part entre une fragilité préexistante et l'effet traumatogène de l'événement. Il faudrait en fait évaluer en quoi l'événement a déclenché quelque chose qui ne serait jamais arrivé sans cette rencontre, ou même serait arrivé à un autre moment et n'aurait pas produit le même effet.

LE « DÉBRIEFING » PERMET-IL D'ÉVITER LE TROUBLE POST-TRAUMATIQUE ?

La gestion du stress est aussi très importante. Toujours dans la pratique militaire, on a proposé un débriefing le plus rapidement possible après l'événement avec remise de la personne en situation. Le débriefing consiste à faire parler la personne de ce qu'elle a vécu et ressenti le plus vite possible après l'événement, dans l'espoir que cette mise en mots lui permettra de gérer l'événement et lui évitera des réactions tardives.

Ces débriefings sont en quelque sorte entrés dans les mœurs. Par exemple, en France, à chaque événement potentiellement traumatisant, une équipe de psychologues et de psychiatres est envoyée immédiatement sur place, pour faire parler les personnes et les rassurer.

Cette pratique, coûteuse pour le système de santé, a d'ailleurs été remise en cause, certains travaux semblant montrer que le débriefing augmenterait plutôt qu'il ne diminuerait la fréquence des états de stress post-traumatique. La solution alternative serait de prévenir les personnes des réactions qui pourraient se produire et les encourager, le cas échéant, à consulter, pour autant qu'elles puissent trouver les aides compétentes dont elles ont besoin. En France, ceci fait l'objet d'un débat qui devrait trouver des éléments de réponse dans des recherches en cours permettant de comparer les deux attitudes. En effet, de nombreuses personnes ne souhaitent pas parler immédiatement après un traumatisme, même si elles désireront plus tard demander de l'aide psychologique, quand cela leur paraîtra opportun.

TROUBLE PHYSIQUE, TROUBLE PSYCHIQUE : QUELS SONT LES RISQUES DE SÉQUELLES ?

Les études sur les effets psychologiques des traumatismes ont aussi montré que les effets ne sont pas les mêmes suivant qu'il s'agit de traumatismes collectifs ou individuels, de traumatismes causés par une intervention humaine ou causés par la nature. Le type de réparation a aussi une influence importante sur le devenir des personnes qui en ont souffert. Il peut s'agir de réparations matérielles, mais aussi morales, comme la reconnaissance d'un génocide par un pays ou une demande de pardon de la part de l'agresseur.

D'autres études ont démontré l'effet délétère de la répétition des traumatismes, en particulier des attaques physiques qui sont les plus dangereuses pour la santé mentale. Les personnes en gardent pour toujours une sorte de fragilité et après une première attaque, les risques de présenter un état de stress post-traumatique sont plus élevés même si le second traumatisme survient longtemps après.

La nature des traumatismes est très diverse ainsi que le lieu où il se déroule. Par exemple, sur le lieu de travail lors d'un accident grave pouvant entraîner un handicap physique et/ou des troubles mentaux, ou encore lors d'un hold-up ou d'un événement qui met en jeu la vie ou la santé.

Plus récemment, le délit de « harcèlement moral » a mis en lumière les effets sur la santé mentale de certaines pratiques en milieu professionnel. Des entreprises se sont vues accusées dans le cas de suicide de leurs employés sur le lieu de travail. Accuser ne veut pas dire condamner, car la condamnation implique de pouvoir prouver que la personne qui s'est suicidée ou, moins tragiquement, qui souffre d'une dépression sévère ou de troubles de l'anxiété, n'aurait pas souffert de ces troubles si elle n'avait pas été exposée à ces difficultés.

D'une façon générale, les personnes attribuent leurs problèmes à des causes extérieures ; ainsi, pour un épisode dépressif : décès d'un proche, difficultés professionnelles, perte d'un travail, difficultés financières, maladie sévère...

L'attribution de la dépression à une cause ne signifie pas que la dépression soit entièrement due à cette cause, même si l'événement a participé à la survenue de la dépression.

LE STRESS PEUT-IL PROVOQUER DES TROUBLES MENTAUX ?

De nombreux scientifiques ont essayé d'établir les effets du stress sur la santé tant physique que mentale. On connaît peu les premiers travaux qui portaient sur la santé physique et qui ont démontré qu'en cas de stress, des maladies diverses pouvaient survenir.

La définition même du stress est très floue ; on confond souvent l'état : le stress avec ce qui produit l'état : le « stresseur ». Les premières définitions ont concerné un changement d'équilibre dans le sens négatif ou positif. Ce changement implique une adaptation que l'organisme normal est supposé pouvoir faire ; quand les capacités d'adaptation sont dépassées, les risques pour la santé apparaissent. À ce stade, les problèmes peuvent être somatiques – hypertension, maladie cardiaque (infarctus), maux de dos ou de tête – ou psychiques – insomnie, angoisse, dépression. On a décrit la mort subite du gagnant à la loterie. L'amélioration brutale des conditions de vie a des effets plus négatifs qu'on pourrait le croire. Ce sont cependant les conséquences des stress « négatifs » qui ont été les plus étudiées sous la forme de listes d'événements de vie.

Certains travaux ont démontré que le nombre de stress était le facteur le plus important quand d'autres insistaient sur la nature et la gravité des événements. Des listes d'événements ont été ainsi proposées à des personnes diverses, leur demandant d'indiquer de 0 à 100 la valeur qu'elles souhaitaient attribuer à l'événement en fonction de la quantité de stress qu'il représentait. À partir des réponses, une échelle a été proposée qui attribue à 50 la naissance d'un enfant, à 100 le décès d'un enfant, 70 le décès d'un parent et ainsi de suite. D'autres approches dites des tracas quotidiens ont plutôt porté sur les événements qui pourrissent la vie quotidienne : un pneu crevé, les clefs oubliées dans la porte, le téléphone en panne.

On s'est, de plus, aperçu que l'attribution d'un niveau de stress est fonction de la culture personnelle : dans certaines cultures, la découverte de l'adultère peut être aussi importante que la perte d'un enfant. Quant à la liste des tracas quotidiens, elle dépend aussi du niveau de vie de la personne.

L'ACCUMULATION DE STRESS

Il n'en reste pas moins vrai qu'une accumulation d'événements est certainement un risque important pour chacun de nous. Malheureusement, les événements négatifs ont tendance à s'accumuler : un homme perd son travail, ses conditions matérielles se détériorent et il devient irritable ; sa femme perd patience, demande le divorce, il doit quitter son logement, et ses enfants s'éloignent de lui. Une femme peut être délaissée par son mari qui trouve plus de charmes à une femme plus jeune, tandis que ses enfants adolescents s'éloignent d'elle ou l'agressent pour n'avoir pas su retenir leur père alors qu'elle a sacrifié ses études et sa vie professionnelle pour pouvoir les élever.

Dans un autre registre, les personnes qui ont la responsabilité d'enfants ou de parents handicapés se trouvent en quelque sorte coupées du monde, car cette prise en charge leur prend pratiquement tout leur temps libre, les empêche de sortir, de prendre des vacances, et la présence de handicapés a plutôt tendance à éloigner les voisins quand elle n'a pas conduit à abandonner un travail qu'on aimait.

Les enquêtes en population générale montrent constamment que les personnes qui se trouvent dans ces situations souffrent beaucoup plus fréquemment de troubles dépressifs et de maladies dépressives que les autres. On remarque aussi que souvent un événement en précipite un autre et que l'accumulation d'événements fait courir un grand risque, même si l'on trouve aussi des personnes qui gèrent ces situations avec brio et humour, s'engagent, voire créent des associations d'entraide et ne semblent pas sur le point de péter un câble malgré l'accumulation des difficultés.

La réaction face à des traumatismes semblables en apparence est donc très différente suivant les individus : certains se font une montagne d'un voyage, d'autres le font sans même y penser ; certains sont « philosophes » et d'autres des écorchés vifs qui prennent tout à cœur. Ce qui est anodin pour les uns devient un problème grave pour les autres.

LE BRUIT PEUT-IL « RENDRE DINGUE » ?

Dans un autre registre, la sensibilité au bruit illustre cette diversité. Le bruit est une gêne très importante pour certaines personnes et pas pour d'autres. Évidemment, au-delà d'un certain nombre de décibels dommageables pour l'audition, tout le monde est affecté, mais à des seuils plus bas certains ont l'ouïe plus fine que d'autres. Surtout, les types de bruit n'ont pas des effets identiques : certains ne supportent pas les bruits domestiques, les conversations, le bruit de la télé du voisin, les cris des enfants, d'autres sont gênés par les bruits automobiles, des bruits d'avion ou les bruits d'animaux. La sensibilité aux bruits domestiques peut varier suivant qu'il s'agit de personnes que l'on connaît, que l'on trouve sympathiques, ou d'inconnus ou de voisins que l'on trouve désagréables.

Les conflits dus aux bruits sont assez nombreux et certains ont « pété un câble » à cause du bruit jusqu'à tirer, par exemple, sur un jeune qui faisait pétarader sa moto. Dans les enquêtes que nous avons faites en Île-de-France et qui comportaient des questions sur le bruit, on s'aperçoit que dans une même famille certains se plaignent d'un type de bruit et d'autres pas alors qu'ils habitent le même logement. Évidemment, il faut tenir compte du fait que si l'un travaille et est absent dans la journée pendant que les marteaux-piqueurs s'en donnent à cœur joie et que l'autre ne peut quitter son appartement dans lequel de jeunes enfants ont tendance à hurler, l'exposition au bruit est en fait très différente. Cette situation n'est pas la règle et il est frappant de voir combien la sensibilité au bruit est liée aux différents problèmes de santé mentale, en particulier les troubles dépressifs et anxieux, sans que l'on puisse savoir si les personnes étaient d'abord anxieuses ou déprimées et que cela a augmenté leur sensibilité aux bruits ou si, au contraire, le fait d'être stressées par le bruit a fini par les rendre anormalement anxieuses ou déprimées. D'autres études semblent montrer que le premier scénario est le plus probable. L'effet du bruit peut être encore plus dévastateur et produire une sorte de délire de persécution qui aboutit parfois à des drames. Si le bruit est mis en avant, un examen plus poussé montre en général que la personne en cause avait une tendance à se sentir persécutée et que ce sentiment s'est focalisé sur le bruit l'amenant à « péter un câble ».

Quel est le rôle des difficultés sociales ?

Y A-T-IL UNE RELATION ENTRE LE STATUT SOCIAL ET LES TROUBLES MENTAUX ?

En général, les personnes qui vivent dans les classes sociales dites défavorisées ont plus de problèmes de santé mentale que celles qui vivent dans les milieux favorisés.

Toute la question est de savoir si c'est parce qu'elles vivent dans un milieu difficile qu'elles ont plus de problèmes, ou si c'est le fait d'avoir des problèmes qui font qu'elles se retrouvent dans un milieu défavorisé.

Il faut aussi savoir de quels types de problème on parle. Par exemple, la maladie maniaco-dépressive qui est une maladie souvent familiale, qui fait passer par des hauts (périodes maniaques) et des bas (périodes dépressives) ne suit pas cette tendance.

Les personnes qui souffrent de cette maladie ont souvent des professions très créatives ; artistes, compositeurs, interprètes, réalisateurs, politiciens ou écrivains. Juste avant de devenir maniaques, c'est-à-dire de se mettre à avoir des comportements vraiment pathologiques comme ne plus du tout dormir, ne plus pouvoir suivre ses propres pensées, avoir une activité frénétique et interrompue, ces personnes ont des périodes de grâce où elles sont particulièrement créatives et actives et où elles réussissent à accomplir des choses à un niveau plus élevé que la moyenne. Ceci fait que, même quand cela ne va plus du tout, elles pourront après l'épisode de dépression ou de manie retomber sur leurs pieds. Malheureusement, le dénouement n'est pas toujours aussi heureux ou simple, mais, en général, cette maladie ne s'accompagne pas d'une descente sociale trop importante. La maladie maniaco-dépressive est d'ailleurs un bel exemple des relations entre créativité et déviance, dans lequel des traits particuliers qui sont pathologiques apportent un plus dans certains contextes. Il ne faut pas non plus dénier l'intense souffrance que vivent ces personnes dans les périodes dépressives et le risque suicidaire très élevé qui les accompagne.

Pour les autres maladies, la différence de statut social entre les malades et les bien portants est grande.

L'ENGRENAGE : FRAGILITÉ PSYCHOLOGIQUE, DIFFICULTÉS D'APPRENTISSAGE, DÉCLIN SOCIAL

Le désavantage agit dans les deux sens : les enfants qui ont des problèmes de santé mentale ont des problèmes d'apprentissage et d'investissement de l'école et ont moins de chances que les enfants qui ne souffrent pas de ces problèmes de réussir leurs études, ce qui les amène à se retrouver, une fois adultes, dans les milieux les plus défavorisés.

D'un autre côté, un enfant qui grandit dans un milieu défavorisé a moins de chances de réussir ses études et son insertion sociale qu'un enfant qui vit dans un autre milieu et la reproduction des inégalités est plus la règle que l'exception, que l'enfant ait ou non des problèmes de santé mentale.

Pour expliquer la production des inégalités sociales, on peut s'appuyer sur la présence de facteurs qui sont là au départ, comme les facteurs génétiques, c'est la théorie dite de la « sélection ». Suivant cette théorie, ceux qui sont fragilisés sont moins compétitifs et vont se retrouver dans les milieux les plus défavorisés qui en retour les exposent plus que d'autres à des stress qui aggravent leurs problèmes. Et ceci d'autant que les personnes se marient souvent avec des conjoints issus du même milieu social, ce qui fait que leurs enfants cumulent tous ces désavantages. Suivant cette théorie, le milieu social agit dans un premier temps comme un test de sélection : les mieux « constitués » s'en sortent, quel que soit leur milieu d'origine, et on les retrouve dans les classes sociales les plus favorisées une fois adultes.

Si, au contraire, on adopte la théorie suivant laquelle les causes des maladies sont sociales, on ne prend pas en compte les fragilités personnelles, mais on estime que dans des circonstances sociales difficiles, les personnes n'ont pas les possibilités de s'en sortir, que ces circonstances soient présentes dans leur enfance ou surgissent dans leur vie adulte.

Les récentes avancées de la génétique ont amené à des positions qui mêlent les deux théories : on admet certes que certaines personnes sont plus fragiles que d'autres au départ, sans que cela ait de conséquence tant qu'elles ne sont pas confrontées à des difficultés sociales, qui seront particulièrement difficiles à gérer du fait de leur fragilité. Ce sont les circonstances de la vie qui vont faire tomber malades ceux qui ne peuvent les affronter, à cause d'une fragilité préexistante que l'on n'aurait pas détectée s'ils n'avaient pas été confrontés à ces difficultés, elles-mêmes plus fréquentes dans certains milieux sociaux.

Bien entendu, de nombreuses personnes issues de milieux très défavorisés s'en sortent très bien, mais si l'on compare les enfants des familles qui arrivent à se sortir de la pauvreté, avec ceux qui vivent dans la pauvreté, on va confondre les effets des qualités exceptionnelles dont ont fait preuve les personnes qui ont réussi à s'en sortir, avec les conséquences du fait de ne plus être pauvre.

Pour savoir dans quel sens cela marche, il faudrait pouvoir prendre des groupes de personnes et faire expérimentalement varier leur revenu pour voir quels effets cela entraîne sur leur santé mentale, ce qui est bien sûr impossible.

Parfois, des circonstances particulières créent une situation qui ressemble à cette expérimentation et c'est ce qui est arrivé dans l'étude que nous allons décrire.

LES EFFETS DE LA PAUVRETÉ SUR LA SANTÉ MENTALE DES ENFANTS

Il s'agit d'une étude faite aux États-Unis dans la partie ouest de la Caroline du Nord. Dans cette étude, trois cohortes d'enfants tirées au sort dans la population aux âges de 9, 11 et 13 ans ont été suivies pendant huit ans. Au cours du projet, un événement particulier a rendu possible l'étude précise des effets sur les enfants d'une réelle amélioration du niveau de vie des familles : l'ouverture d'un casino dans la région et la mise en place d'une politique qui attribuait automatiquement un revenu supplémentaire prélevé sur les bénéfices du casino, aux habitants de la région.

Avant cette ouverture, les enfants des familles sous le seuil de pauvreté avaient plus de problèmes de santé mentale que ceux qui n'étaient pas sous ce seuil. Après l'ouverture du casino, les niveaux de problèmes de santé mentale des enfants qui étaient sortis de la pauvreté ont été les mêmes que ceux qui n'avaient jamais été pauvres alors que ceux qui étaient toujours pauvres avaient toujours plus de problèmes de santé mentale, et ceci a été retrouvé avec constance sur les quatre années de suivi des enfants.

Quand on regardait les problèmes eux-mêmes, on trouvait une différence très intéressante dans les types de problèmes améliorés par la sortie de la pauvreté : les problèmes dits externalisés comme les problèmes de comportement étaient très améliorés, mais les problèmes dits internalisés comme la dépression ou l'anxiété restaient inchangés. Qui plus est, quand on étudiait ce qui avait le plus changé entre les parents et les enfants quand leur revenu s'était amélioré, on trouvait que le facteur essentiel avait été l'augmentation du temps passé avec l'enfant, qui avait permis aux parents de prendre le temps d'élever leurs enfants et d'avoir l'impression de les élever d'une manière appropriée.

Ces données sont d'autant plus importantes que sur le territoire de l'enquête, se trouvaient des familles américaines et des familles amérindiennes dont on peut penser que la culture est différente, or les effets étaient identiques. Il est aussi intéressant de constater que le fait d'améliorer les revenus des familles qui n'étaient pas pauvres n'améliore pas la santé mentale de leurs enfants.

Comment interpréter ces résultats ? Ce sont les difficultés sociales qui produisent les troubles du comportement en grande partie parce que les parents ne jouent pas leur rôle d'éducateur et en sont conscients. Cela veut dire que, d'une part, ils sont trop occupés pour passer du temps avec leurs enfants et que, d'autre part, ils ont une mauvaise estime d'eux-mêmes en ne faisant pas ce qu'ils pensent qu'ils devraient faire, même si cet effet s'estompe au fur et à mesure que les enfants grandissent et deviennent des adolescents plus difficiles à gérer.

La persistance des troubles de type anxieux et dépressifs, plus élevés chez les enfants de milieu défavorisé, pose question. On peut se dire que les traces de la pauvreté sur ces sentiments qui se sont construits pendant toute l'enfance, prendront plus de temps à se « réparer », ou encore que c'est un trait de vulnérabilité qui a amené les parents à se trouver dans cette situation et qui persiste même quand celle-ci évolue.

Il reste des familles qui malgré l'apport financier ne sont pas sorties de la pauvreté. Les enfants issus de ces familles conservent des taux élevés de troubles. On peut donc se demander ce qui a fait évoluer les familles qui s'en sont sorties : sont-ce les qualités qui ont permis d'investir adéquatement, non seulement l'argent mais le temps passé avec les enfants ?

Bien entendu, cette étude a ses limites et ne peut s'appliquer à tous les contextes. Cependant, les données sur un sujet d'une telle importance sont trop rares pour ne pas la citer en détail.

L'étude illustre la complexité des relations entre le niveau social et la santé mentale : rien n'est simple ni prédéterminé et les interactions sont nombreuses. Si le milieu social a une influence certaine sur la santé mentale, il est inexact de penser que les problèmes de santé mentale ont leur origine dans les problèmes sociaux même si l'on constate que ces problèmes sont plus fréquents parmi les personnes de milieux défavorisés.

ÊTRE UN JEUNE DES BANLIEUES EST-IL UN RISQUE POUR LA SANTÉ MENTALE ?

Dans ce qui peut être appelé la crise des jeunes des banlieues, on peut entendre plusieurs discours : celui qui consiste à dire que quand on vit dans une banlieue défavorisée et qu'on a des parents chômeurs ou ayant une occupation très modeste, il ne reste rien d'autre à faire que de se droguer et/ou de devenir violent et délinquant car l'école ne vous donne aucune chance de vous en sortir. D'autres voix se sont élevées pour protester contre cette vision et des jeunes et moins jeunes desdites banlieues se sont exprimés clairement sur le fait qu'ils voulaient s'en sortir et que d'ailleurs une bonne partie d'entre eux s'en sortaient, réussissaient leurs études et accédaient à l'université même si par la suite ils confirmaient des difficultés à l'embauche. Curieusement, quand on demandait à ces jeunes ce qui faisait la différence, la majorité d'entre eux estimaient que c'était l'attitude de leurs parents qui, quel que soit leur milieu parfois très modeste, les avaient poussés vers les études et avaient été suffisamment sévères pour les encadrer. Le discours des enseignants est tout aussi contrasté, certains affirmant qu'on ne peut rien faire dans les « quartiers », que les parents sont absents et dépassés et d'autres au contraire que les collèges et lycées font leur travail et continuent de permettre à ces jeunes d'accéder à un avenir professionnel dans lequel ils pourront s'accomplir. On note d'ailleurs l'arrivée des jeunes issus de l'immigration, comme on dit, dans les professions enseignantes et ceux-ci sont très motivés par leur travail auprès d'une population qu'ils connaissent bien.

L'ASCENSION SOCIALE EST-ELLE UN RISQUE POUR LA SANTÉ MENTALE ?

Cela ne veut pas dire que tout est simple car l'ascension sociale crée en elle-même des difficultés pour celui qui s'éloigne de son milieu dans lequel il peut être vu comme un traître. Les études montrent d'ailleurs une fragilité particulière des personnes dites en mobilité sociale ascendante, qui de plus ont à faire un effort d'adaptation très important pour intégrer des normes sociales qui ne sont pas spontanées. Mais cela n'empêche pas une amélioration globale de la santé mentale et du bien-être.

Inversement, les enfants de milieux très favorisés se retrouvent face à des défis très importants et nombreux sont ceux qui réussissent moins bien que leurs parents, ce qui amène aussi à des problèmes ayant des conséquences sur la santé mentale. L'enfant se vit comme un raté s'il ne devient pas un dirigeant d'entreprise et voit son niveau de vie diminuer par rapport à celui de ses parents qui peuvent lui reprocher la déception qu'il représente pour eux.

Ces passages d'une classe sociale à l'autre dans un sens comme dans l'autre sont différents suivant les sociétés. Dans la société française, l'avenir se décide en grande partie à l'adolescence au cours de laquelle l'enfant doit être capable d'investir l'école. S'il rate cette opportunité qui reste accessible à tous les milieux, même si les efforts à fournir ne sont pas identiques, le retour en arrière est assez difficile. En d'autres termes, théoriquement tout le monde peut arriver, mais à condition de le faire au moment où c'est possible. Dans la société nord-américaine, les tempos ne sont pas les mêmes et les chances de réussite sont beaucoup moins égalitaires : l'université est payante et fort chère même s'il existe quelques rares bourses. Par conséquent, les chances de réussite d'une personne d'un milieu modeste ne sont en fait pas très grandes sauf à réussir dans les « affaires », ce qui reste mythique. Cependant le timing est plus souple : les adolescents travaillent beaucoup moins et consacrent plus de temps aux activités sportives et extrascolaires tandis que les jeunes adultes vont intégrer l'université où les allers et retours restent possibles même au cours de leur vie d'adulte.

Les attitudes vis-à-vis de l'individu et de sa responsabilité ne sont pas non plus les mêmes.

On a pu dire que dans les pays catholiques l'individu ne rencontrait pas Dieu directement mais passait par l'intermédiaire du clergé et pouvait avoir accès au pardon par la confession tandis que dans les pays protestants l'individu était seul face à Dieu et qu'aucun pardon n'était possible. Ainsi l'individualisme et la responsabilité de l'individu seraient-ils plus prononcés dans les pays protestants que dans les pays catholiques. Le rapport à l'argent est aussi très différent : plutôt honteux dans les pays catholiques, le fait de s'enrichir et de capitaliser est une source d'orgueil et de sens de l'accomplissement de soi dans les pays protestants.

Même si ce contraste est schématique et un peu caricatural, ses conséquences sur les aspirations des personnes et leur santé mentale sont importantes. Dans un cas, l'individu est seul face à des exigences élevées et n'a qu'à s'en prendre à lui-même s'il ne réussit pas ; dans l'autre, l'individu est entouré de plusieurs instances et peut trouver d'autres explications à ses échecs tandis que les pressions pour réussir sont moins fortes.

CHACUN DE NOUS A-T-IL UNE FRAGILITÉ PARTICULIÈRE À CERTAINS ÉVÉNEMENTS ?

Les relations entre un stress ou un traumatisme sont très compliquées : les traumatismes peuvent être plus ou moins forts et les personnes plus ou moins fragiles. De plus, on ne sait pas d'avance qui est fragile et qui ne l'est pas car souvent cette fragilité ne s'exprimera que dans le contexte du traumatisme.

Évidemment, quand les personnes ont déjà été malades ou ont déjà eu des problèmes psychologiques, on sait qu'elles sont fragiles. On peut alors essayer de leur éviter d'être à nouveau en contact avec la situation traumatisante ou de leur apprendre à mieux la gérer par le moyen d'une psychothérapie, par exemple.

Non seulement le niveau de fragilité n'est pas identique, mais les profils de fragilité sont différents ; on pourrait dire que chacun a son talon d'Achille. Ces domaines de fragilité se sont constitués au cours de l'histoire de chacun : certains qui ont perdu un parent quand ils étaient très jeunes sont particulièrement vulnérables à l'abandon ; d'autres qui ont vécu des situations anxiogènes comme un frère fugueur dont la mère attendait le retour avec beaucoup d'angoisse, seront plus vulnérables aux incertitudes.

L'ÊTRE HUMAIN N'EST-IL PAS PLUS RÉSISTANT QU'ON NE LE CROIT ?

Contrairement aux idées reçues, l'être humain est en fait très résistant y compris aux traumatismes psychiques. Des études de suivi d'enfants considérés comme particulièrement à risque car en provenance de milieux très défavorisés – père alcoolique et violent, mère dépressive inadéquate – montrent que la plupart ne présentent pas de pathologie mentale à l'âge adulte et s'en tirent même très bien.

Les études plus poussées qui ont cherché à expliquer cette résistance appelée aussi « résilience » ont relevé que pour les enfants élevés en institution, il suffisait parfois à l'enfant de réussir dans un domaine quel qu'il soit, pour avoir une estime de lui-même suffisante pour plus tard traverser la vie avec bonheur. Ce peut être aussi la présence d'un grand-parent ou d'un oncle qui l'a pris en affection et qui arrive à compenser des parents très déficients. Les caractéristiques de ces enfants ont leur importance : les enfants qui ont un physique agréable, un caractère facile peuvent trouver plus facilement des adultes qui s'attachent à eux mais dans certaines circonstances, il vaut mieux au contraire avoir un caractère difficile et ne pas accepter toutes les exigences de l'adulte.

Tous ces éléments vont interagir avec la génétique et produire un certain degré de sensibilité aux événements. À l'inverse, il semble que l'absence complète de stress durant l'enfance soit en soi problématique, car ces enfants trop protégés par la vie sont très vulnérables devant les inévitables traumatismes de la vie vis-à-vis desquels ils ne sont pas préparés et n'ont pas développé de défense.

La même constatation s'applique aux adultes ; si les personnes qui vivent des traumatismes multiples et sévères sont à risque, celles qui ne vivent aucun événement sont elles aussi à risque car la vie est faite d'événements. On a d'ailleurs trouvé que la quantité d'événements semblait être un trait génétique : certaines personnes ont tendance à vivre beaucoup d'événements et d'autres moins, et ces personnes proviennent de familles dans lesquelles on retrouve des tendances identiques.

LE RISQUE DE PÉTER UN CÂBLE EST-IL À LA HAUTEUR DES AMBITIONS PERSONNELLES ?

Un autre élément mérite d'être discuté car il a un impact sur la fragilité, c'est celui des aspirations individuelles. Plus les aspirations sont élevées, plus le risque d'être déçu est grand. On comprend bien que si une personne considère que la seule façon pour elle de réussir sa vie, de s'accomplir, est d'être président de la République, ses risques d'être déçue sont plus élevés que si elle souhaite ouvrir une entreprise de plomberie ou être esthéticienne. Évidemment, le fait d'avoir des aspirations en cohérence avec sa situation, fait partie de la bonne santé mentale et il importe d'être réaliste. Les exemples cités sont des extrêmes et les citoyens qui pensent sérieusement à la présidence ne sont pas très nombreux, ce qui d'ailleurs ne leur évite pas le risque d'être déçus voire traumatisés par un échec au point de déprimer.

Le citoyen ordinaire a d'autres aspirations modelées par son milieu, sa réussite scolaire, son profil de personnalité.

Une recherche faite dans les années 1970 auprès de femmes montréalaises avait montré que, contrairement aux hypothèses qui prévoyaient que les femmes les plus démunies qui habitaient en centre-ville seraient plus en détresse que les femmes de banlieues aisées, on trouvait la tendance inverse. Des entretiens plus approfondis avec différentes représentantes de ces catégories montraient qu'en fait les femmes des milieux défavorisés se sentaient pleines de fierté d'avoir pu envoyer leurs enfants à l'école, les nourrir correctement et les habiller, quand les femmes des milieux favorisés se sentaient frustrées et avaient une opinion négative d'elles-mêmes parce qu'elles n'avaient pas réussi à avoir une vie professionnelle épanouissante.

Cette étude, bien qu'ancienne, mérite d'être citée : elle illustre très bien le fait que pour les femmes en particulier, les aspirations se sont élevées durant les dernières décennies. Certes les femmes ont eu des opportunités nouvelles qui correspondent à ces aspirations, mais cela s'est fait progressivement et il n'est pas certain encore aujourd'hui que l'égalité des chances soit complète. Ces nouvelles aspirations sont plus difficilement accessibles car toutes les femmes n'ont pas la capacité de réussir à la fois une vie professionnelle, conjugale et leur rôle de mère. Cette constatation est d'ailleurs valable pour les hommes dans la mesure où ces différences tendent à s'estomper. À des exigences élevées correspond un risque accru de frustration, de regrets et de difficultés d'adaptation puisqu'il sera plus difficile d'accepter un pis-aller. D'un autre côté, le manque d'ambition ne saurait être considéré comme un modèle pour la santé mentale, la nature humaine poussant l'homme à se dépasser : cette tension suscite une angoisse existentielle qui est à l'origine de tous les progrès. Cette question de l'adéquation des aspirations aux capacités est un des éléments de la santé mentale positive et idéalement elle doit être accessible à tous, quel que soit le niveau des aspirations.

La « bonne » santé mentale consiste donc en un équilibre entre des aspirations suffisamment élevées pour que l'humain ait un but, mais à un niveau qu'il peut atteindre ou du moins dont il peut s'approcher. Cette position découle en partie de l'adaptation du sujet à la réalité qui lui fait juger ce qui lui est possible et ce qui ne l'est pas, dans un sens comme dans l'autre. Elle nécessite aussi de constants réajustements, car une nouvelle opportunité peut se présenter en fonction de circonstances que l'on ne prévoyait pas. Il faut parfois être capable de refuser une opportunité, si l'on ne se sent pas capable de gérer cette nouvelle position, sans toutefois se sous-estimer.

Le même raisonnement peut s'appliquer à la vie amoureuse. Certains sont amoureux d'un homme ou d'une femme qui ne s'intéresse pas du tout à eux, et avec lequel on pourrait dire qu'ils sont mal assortis. Ils ou elles peuvent néanmoins arriver à séduire cette personne et par la suite se trouver en difficulté pour maintenir cette relation, s'en désintéresser ou à l'inverse se sentir désespérés parce qu'ils n'arrivent pas à faire cette conquête.

Le fait d'avoir pour aspiration une vie amoureuse palpitante peut aussi être source d'une grande déception quand, avec le temps qui passe, les enfants et les contraintes qu'ils amènent, l'amour se trouve désenchanté. Certains arrivent à maturité et s'aperçoivent de la nécessité de construire une relation qui n'est jamais conforme à l'idéal, d'autres n'y arrivent pas, divorcent et recommencent éventuellement le même cycle.

Toutes ces contradictions sont l'essence de la vie qui nous met en face de la réalité et de nos aspirations et c'est sur la gestion de ces équilibres que repose notre santé mentale bonne ou mauvaise.

On peut aussi voir les choses à l'envers et poser que précisément la bonne santé mentale consiste à savoir mener sa vie ou encore, suivant la définition de Freud de la guérison : « Être capable d'aimer et de travailler. »

On peut aussi « péter un câble » face à un chagrin d'amour. Certains font des tentatives de suicide pour appeler désespérément la personne qu'ils aiment, d'autres sont simplement tristes et après une certaine période sont à nouveau amoureux. Leur chagrin d'amour aura été une épreuve leur permettant d'acquérir plus de maturité et ce nouvel amour sera peut-être mieux choisi et plus satisfaisant, alors que d'autres en font une maladie dont ils n'arrivent pas à sortir.

DU SENTIMENT D'IMPUISSANCE AU CHALLENGE : MÉCANISMES PSYCHOLOGIQUES ET FORCES DE CARACTÈRE

Face aux difficultés, on constate que certains voient un challenge, un défi, qui les excite alors que d'autres se sentent impuissants. Cette impression de maîtrise sur sa vie est mesurée dans nos enquêtes et d'ailleurs en cas de dépression, c'est un prédicteur très important de la guérison.

Cela montre bien que, même en cas de maladie dépressive, certaines caractéristiques personnelles vont jouer non seulement sur la survenue de la dépression, mais aussi sur son évolution.

Il y a aussi ce qu'on appelle les mécanismes d'adaptation : l'humain dispose d'une palette assez variée d'attitudes plus ou moins adaptées selon les types de problèmes rencontrés. Certains sont assez inefficaces comme le déni. D'autres, comme la mise à distance, peuvent être adaptés face à certains problèmes mais très inadaptés dans d'autres. On peut aussi se raisonner, se dire qu'il y a plus malheureux, relativiser. On peut travailler à changer sa situation. Il y a des mécanismes plutôt actifs et d'autres plutôt passifs. En fait, devant une situation sur laquelle on n'a pas de prise, il vaut mieux avoir des mécanismes passifs : accepter, relativiser et dans les situations sur lesquelles on a prise, essayer de les faire évoluer d'une façon plus favorable.

Là encore, certains se sentent par définition démunis quand d'autres trouvent toujours quelque chose à entreprendre, ce qui fait que leurs chances de rester bloqués dans une situation difficile ne sont pas les mêmes. Le fait de pouvoir utiliser différents mécanismes tantôt passifs, tantôt actifs en fonction des diverses situations, est évidemment un grand avantage.

Ces mécanismes s'apprennent probablement dans l'enfance mais aussi dans la vie adulte qui permet en principe d'acquérir de l'expérience. Cette acquisition se fait par des allers et retours, des échecs et des succès qui émaillent le cours de la vie.

Cependant certaines personnes ont l'impression qu'elles sont en échec permanent quand tout réussit aux autres. Les *success stories* font peut-être rêver certains, mais quand on connaît les détails de la vie des personnes considérées comme à succès, on réalise à quel point elles aussi ont raté certaines choses qui pourtant leur tenaient à cœur. Leur succès vient probablement plus de leur capacité à rebondir et à persévérer qu'à une série ininterrompue de chances. Car à terme, la vie de chacun est émaillée de difficultés dans un domaine ou dans un autre. Et rien ne dit, bien entendu, que ces personnes à qui tout semble réussir ne vont pas précisément « péter un câble » pour un échec même très relatif.

Nous sommes donc tous dans un équilibre, un peu comme le funambule sur son fil : certains vont réussir à passer sans tomber, d'autres chancelleront mais resteront sur la corde et d'autres vont tomber mais remonteront et continueront leur parcours. Fort heureusement, « péter un câble » n'est pas un état définitif.

CHAPITRE 3

Sommes-nous tous égaux devant la folie ?

Les femmes ont-elles plus de problèmes de santé mentale que les hommes ?

LES HOMMES ET LES FEMMES ONT DES PROBLÈMES DIFFÉRENTS

Il y a des problèmes que les femmes ont plus fréquemment que les hommes, des problèmes que les hommes ont plus fréquemment que les femmes et des problèmes pour lesquels on ne trouve pas de différences.

Les troubles dépressifs sont plus fréquents chez les femmes, du moins après la puberté, que chez les hommes et ceci dans des proportions d'une fois et demie à trois fois plus. Par contre cette différence n'est pas retrouvée pour une forme particulière de dépression dite trouble bipolaire, ou encore psychose maniaco-dépressive, maladie dans laquelle la personne a des hauts et des bas très marqués.

Les troubles anxieux sont eux aussi plus fréquents chez les femmes à des degrés divers suivant le type de troubles ainsi que les troubles du comportement alimentaire : anorexie, boulimie, et que les troubles dits « somatoformes », c'est-à-dire les troubles psychiques qui s'expriment par des symptômes physiques sans qu'on puisse les relier à une cause médicale.

À l'inverse, les troubles de l'usage des substances sont plus fréquents chez les hommes que chez les femmes ; il en est de même des troubles du comportement : troubles des conduites, troubles des impulsions.

Les problèmes avec les substances : drogues et alcool sont plus fréquents chez les hommes que chez les femmes dès l'adolescence. Les garçons ont plus souvent recours à l'ivresse que les filles et sont plus tôt attirés par les drogues dites illicites : cannabis, haschich, cocaïne, héroïne, ecstasy et autres produits. Cette tendance accentue la criminalité plus élevée chez les hommes que chez les femmes et renforce la fréquence des actes violents puisque l'alcool et certaines drogues augmentent les potentialités agressives.

Cette plus grande tendance à l'impulsivité et aux comportements agressifs peut constituer un profil particulier dit « personnalité antisociale » qui amène à poser des actes délictueux et qui commence tôt, avant l'âge de 15 ans. En conséquence, on trouve plus d'hommes que de femmes en prison. Même quand les femmes ont des comportements délictueux, ce sont plus souvent des escroqueries, des vols sans violence et des manipulations de la crédulité des personnes que des violences physiques.

Les troubles psychotiques comme la schizophrénie ne sont dans l'ensemble pas plus fréquents chez les hommes que chez les femmes, par contre ils surviennent plus tardivement chez ces dernières, c'est-à-dire en moyenne quatre à cinq ans plus tard.

UN TAUX DE SUICIDE BEAUCOUP PLUS ÉLEVÉ CHEZ LES HOMMES

Le taux de suicide des hommes est constamment plus élevé que celui des femmes et ceci dans presque tous les pays et dans des proportions très importantes. Ce risque suicidaire est en partie expliqué parce que les hommes utilisent des moyens de suicide plus violents que les femmes (armes à feu qui leur laissent moins de chances de s'en sortir) et, de plus, utilisent plus fréquemment l'alcool et les drogues très souvent impliqués dans l'acte suicidaire. Ces considérations ne tiennent pas compte du fait que le risque d'accident de la circulation est plus fréquent chez les garçons. Certains sont dus à l'utilisation d'alcool ou de drogues au volant et à une impulsivité plus élevée qui fait que les garçons ont des comportements dangereux en voiture ou sur des deux-roues, dangerosité qui est très élevée en cas d'accident.

Bien que le taux de suicide des femmes soit moins élevé que celui des hommes, elles font bien plus fréquemment des tentatives de suicide. Cependant, comme en moyenne les femmes sont moins impulsives et qu'elles utilisent des moyens moins dangereux, comme les médicaments, leurs tentatives aboutissent moins fréquemment.

DES FEMMES PLUS DÉPRIMÉES QUE LES HOMMES

Comme la différence entre les hommes et les femmes apparaît à la puberté, c'est-à-dire entre 11 et 14 ans, on a pensé que le rôle des hormones était déterminant. De fait, une étude a même réussi à démontrer que ce n'était pas tant le stade de transformation corporelle qui par lui-même provoque des réactions de l'adolescente et de son entourage qui importait, mais la montée du taux des hormones.

Seulement certains éléments conduisent à penser que les choses sont plus complexes. Si l'on a pu lier l'apparition de niveaux plus élevés de dépression chez les femmes à la puberté, on n'a pas trouvé de liens avec d'autres événements hormonaux importants tels que la ménopause, l'utilisation des contraceptifs ou la grossesse.

De plus, cette différence entre les adolescents et les adolescentes n'est, semble-t-il, pas retrouvée dans tous les groupes ethniques. Par exemple, elle n'est pas retrouvée chez les Afro-Américaines et chez les Hispaniques américaines.

Il semble établi que la différence entre hommes et femmes concerne le premier épisode de dépression et qu'ensuite leur devenir est le même, c'est-à-dire que les dépressions des femmes et des hommes ont le même degré de chronicité.

Cette constatation rend difficile l'étude des raisons de ces différences car le fait d'avoir été déprimé une fois dans sa vie expose à plus de stress.

Par exemple, le rôle des stress dans l'apparition de la dépression a bien été démontré et est assez spécifique : les événements à type de perte comme la perte d'un être cher ou d'un travail auquel on tenait beaucoup, sont liés à la dépression, alors que ceux qui impliquent un danger sont liés aux troubles anxieux. Ceux qui ont ces deux caractéristiques sont liés à la présence des troubles anxieux et dépressifs.

Le problème quand on étudie les événements précédant l'épisode dépressif est que l'on mélange les événements qui ont « causé » l'épisode avec ceux qui sont liés au fait que la personne ayant déjà été déprimée est dans une situation qui génère par elle-même des événements à risque. On trouve en effet plus d'événements négatifs chez les femmes que chez les hommes à un moment donné, mais on ne sait pas si cette différence a été responsable du premier épisode qui s'est passé souvent il y a longtemps.

Une autre possibilité serait une interaction entre le fait que les adolescentes aient des modifications hormonales et le contexte dans lequel ces changements ont lieu.

On s'est aperçu par exemple que les adolescentes qui étaient pubères très jeunes étaient plus stressées que celles chez qui la puberté survenait plus tardivement. Mais surtout cet excès de stress est plus marqué si ces adolescentes vivent dans un milieu où filles et garçons sont mélangés que si elles vivent dans un univers féminin. Il y a donc une interaction entre le milieu et le vécu hormonal.

On sait que la susceptibilité aux événements négatifs est identique chez les garçons et les filles bien que ce ne soit pas toujours les mêmes événements qui les affectent : chez les adolescents, ce sont les disputes avec les parents, l'échec scolaire, le désintérêt d'un des parents ou au contraire leur agressivité qui affectent. La rupture amoureuse est plus dépressogène chez les filles quand chez les garçons, c'est la mise à l'écart d'un groupe, l'échec dans une compétition ou la perte d'un ami proche.

Si les événements ont le même risque de provoquer une dépression dans les deux sexes, cela n'est plus le cas après la puberté où les filles ont un risque plus élevé que les garçons même si les événements sont un risque pour ces derniers.

En fait, des études sur les jumeaux montrent que les filles sont plus à risque après la puberté pour deux raisons. D'une part, elles ont un risque génétique plus élevé qui ne s'exprime qu'à la puberté, d'autre part, elles ont un risque plus élevé d'expérimenter des événements négatifs.

La différence entre les hommes et les femmes pour la dépression est bien établie, mais son explication fait intervenir de nombreux facteurs hormonaux, génétiques, sociaux et culturels et n'est pas complètement élucidée.

DES DIFFÉRENCES QUI APPARAISSENT DÈS L'ENFANCE

Nous avons parlé d'une apparition de différences filles/garçons pour les troubles dépressifs à l'adolescence, mais on remarque que les consultations en pédopsychiatrie sont beaucoup plus fréquentes pour les garçons que pour les filles avant l'adolescence, moment où précisément cette différence tend à s'inverser. La différence est très importante et correspond à des troubles des conduites et des troubles de l'apprentissage plus fréquents chez les garçons que chez les filles.

Nous avons trouvé, lors d'une enquête sur des enfants de 6 à 12 ans tirés au sort dans les écoles primaires d'une région française, beaucoup plus de troubles dits extériorisés chez les petits garçons que chez les petites filles.

DES GARÇONS PLUS AGITÉS ET MOINS ATTENTIFS

Si ces caractéristiques sont très marquées, il peut s'agir du trouble dit d'hyperactivité avec déficit de l'attention (HADA), qui correspond au fait de ne pas pouvoir rester en place sur sa chaise et d'avoir une difficulté à fixer son attention à un degré tel que cela gêne l'enfant dans ses apprentissages et dans son adaptation à la vie scolaire ainsi que dans ses rapports avec ses parents et toute sa famille. Pour atteindre ce niveau, l'enfant doit être constamment et exagérément agité et ce quel que soit son environnement. Il est en effet important de ne pas confondre l'hyperactivité avec une agitation en relation avec une anxiété ou un dysfonctionnement éducatif dont les prises en charge sont différentes.

On sait que ce trouble HADA comporte un facteur génétique et est relativement rare, environ 2 % chez les 9-13 ans, et qu'il est bien plus souvent rencontré chez les garçons où il est trois fois plus fréquent que chez les filles. Ce trouble d'hyperactivité peut être présent en même temps que les troubles de conduites dont la part génétique est moins élevée, et cette association comporte des risques quant à une évolution vers la délinquance à l'âge adulte alors que ce n'est pas le cas pour chacun de ces troubles pris séparément.

DES GARÇONS PLUS AGRESSIFS QUE LES FILLES

Alors que les garçons ne sont pas tellement plus agressifs que les filles dans la petite enfance, ils le deviennent dès l'école primaire et cette différence s'accentue considérablement à l'adolescence.

L'environnement de l'enfant a évidemment un rôle très important, en particulier ses relations avec ses parents. Chaque enfant a son tempérament et chaque parent a le sien ; il en résulte que, dans une même famille, certains enfants peuvent ne poser aucun problème alors que d'autres en posent constamment, on a parlé d'ajustement entre les parents et les enfants. Ainsi, le fait de présenter des troubles du comportement pourrait être dû en quelque sorte à la « mauvaise rencontre » d'un enfant qui a un tempérament très impulsif avec des parents trop permissifs incapables de poser des limites ou, au contraire, des parents exagérément intolérants ne sachant utiliser que des punitions trop sévères par rapport aux bêtises de leurs enfants. Dans la mesure où les garçons ont plus d'impulsivité et de violence que les filles, le risque d'un mauvais ajustement entre parents et enfants est plus fréquent pour ces derniers. Les relations de l'enfant avec sa mère ont aussi été étudiées avec attention et il semble qu'un certain style relationnel mère-enfant, qu'il s'agisse d'un investissement émotionnel trop important ou au contraire d'une froideur excessive, ait des effets sur les comportements des garçons alors qu'on ne retrouve pas cet effet chez les filles.

Le rôle des frères et des fréquentations amicales a aussi une importance considérable sur le développement de ces problèmes et est plus accentué pour les garçons que pour les filles dans la mesure où généralement ce sont les garçons qui forment les groupes les plus violents.

D'autres facteurs s'ajoutent pour expliquer ce risque plus élevé de troubles des conduites chez les garçons : l'adaptation scolaire est moins bonne chez eux que chez les filles, par exemple ils ont plus tendance à sécher les cours et à moins bien réussir. De plus leurs capacités à s'exprimer par oral sont moins bonnes que celles des filles, or le fait d'avoir des difficultés à exprimer ses sentiments porte à s'exprimer par gestes et donc favorise la violence.

On décrit en effet des troubles dits des conduites qui correspondent à une tendance exagérée à s'opposer et à une agressivité vis-à-vis des pairs et des adultes ainsi que la tendance à des actes délictueux. Dans les études sur des populations d'enfants et d'adolescents (5 à 18 ans) les troubles dits des conduites sont de 5 à 9 % chez les garçons alors qu'ils ne sont que 2 à 5 % chez les filles ; bien que ces troubles soient bien moins fréquents de 5 à 12 ans, on trouve déjà une prééminence des garçons sur les filles.

Le rôle de la culture et de la nationalité

Chaque société reconnaît d'une manière ou d'une autre des individus qui ont des comportements déviants et des croyances étranges, y compris dans les populations les plus coupées de la civilisation. Cependant, la place donnée à ces individus, l'interprétation de ces croyances, voire leur intégration dans le système culturel et, partant, les traitements proposés peuvent y être très différents : dans certaines sociétés, les membres qui ont ces comportements et ces croyances sont considérés comme des devins, en contact avec des forces surnaturelles et très respectés ; dans d'autres, ils sont considérés comme des malades, sont soignés, éventuellement contre leur gré, et réintégrés avec plus ou moins de succès dans leur société. Mais chaque société a ses « fous ».

Dans l'optique plurifactorielle la plus fréquemment admise aujourd'hui, l'appartenance à une culture ou une nationalité recouvre de nombreux facteurs qui ont leur propre influence sur l'apparition et la persistance des maladies mentales, même les plus sévères. L'appartenance à une culture peut en effet correspondre à des facteurs de risque plus fréquents dans une culture que dans une autre.

À CHAQUE CULTURE SES FACTEURS DE RISQUE

Des croyances normales aux idées délirantes

Les enquêtes de population qui ont cherché à évaluer les idées délirantes chez des personnes qui n'étaient pas considérées comme malades trouvent une fréquence élevée d'idées de ce type. Presque la moitié des personnes interrogées relèvent des paroles à double sens ou des insinuations dans les paroles des autres à leur égard, un quart des personnes se sont senties persécutées, 20 % ont trouvé que les gens les regardaient bizarrement ou encore se sont senties spécialement proches de Dieu, 12 % pensent qu'elles sont des personnes spéciales, 10 % ont cru qu'il y avait un complot contre elles, 6 % qu'elles ont fait beaucoup plus de péchés que les autres et 5 % ont entendu parler des voix que d'autres n'entendaient pas. D'autres études ont évalué la fréquence des perceptions anormales ou des croyances à des phénomènes magiques ou paranormaux et trouvent de 17 à 28 % de personnes qui ont eu des expériences de ce type au cours de leur vie, en Europe et aux États-Unis.

Les femmes semblent avoir plus d'hallucinations que les hommes, et ces idées sont plus fréquentes chez les jeunes – de la puberté au début de la vie adulte –, et elles semblent s'estomper avec l'âge, sauf en ce qui concerne la religiosité qui est plus fréquente chez les personnes âgées.

Ces phénomènes sont beaucoup plus fréquents chez les personnes présentant un trouble psychiatrique, et les personnes qui ont ces idées ont plus de risque de développer des troubles délirants pathologiques.

Ainsi a-t-on observé que les personnes qui présentaient des croyances magiques ou des perceptions inhabituelles développaient plus que les autres une maladie de type schizophrénie. Une étude a suivi des enfants depuis leur naissance et observé que 20 % d'entre eux ont vécu une expérience délirante avant l'âge de 26 ans, et que 13 % ont eu des hallucinations. Les enfants qui ont vécu ces expériences avant l'âge de 11 ans présentaient un risque plus élevé de troubles psychotiques ou de troubles anxieux parvenus à l'âge adulte.

Fait intéressant, le risque de développer une maladie ne concerne pas que les troubles de type schizophrénique, mais aussi les troubles dépressifs, qu'il s'agisse d'une maladie maniaco-dépressive ou d'une dépression d'un autre type. Ainsi le fait d'avoir des idées étranges correspond-il à un risque d'avoir plus tard un problème de santé mentale dont la forme peut être très diverse.

On doit tenir compte du fait que la fréquence des croyances à des idées magiques est aussi fonction de la culture d'appartenance.

Les syndromes culturels

Les scientifiques qui travaillent sur la santé mentale dans différentes cultures ont observé des ensembles de symptômes spécifiques que l'on ne trouve que dans une culture donnée et ont appelé ces ensembles de symptômes particuliers : syndromes culturels.

Par exemple, ils ont remarqué que les patients chinois se plaignent plutôt de symptômes qui se rapprochent de la neurasthénie qui a été décrite au XIXe siècle : plutôt que de souffrir de tristesse, de culpabilité excessive et d'idées suicidaires, ils présentent des symptômes physiques comme des maux de tête, de l'insomnie, des vertiges ou des douleurs diverses, mais en réalité ils souffrent de dépression. Il est important de reconnaître cette manière particulière de vivre sa dépression. La classification internationale des maladies reconnaît les maladies mentales dites culturelles (dont la neurasthénie). À noter que cette maladie est non seulement retrouvée fréquemment chez les patients vivant en Chine, mais aussi chez les immigrants chinois dans d'autres pays.

Un cas particulier : la phobie des relations interpersonnelles au Japon

Un autre syndrome spécifique est le *tai-jin-kyofu-sho* (dit TK) qui est une sorte de phobie des relations interpersonnelles décrite chez les patients japonais.

Bien entendu, l'anxiété est un symptôme expérimenté par tous quelle que soit la culture. Cependant le contexte dans lequel elle se produit, son interprétation et les réactions qu'elle entraîne sont modulés par la culture et les croyances.

La culture occidentale a décrit une phobie particulière qui est la phobie sociale. Cette peur exagérée et irrationnelle est ressentie lorsque la personne se trouve dans des situations où elle doit affronter des personnes qu'elle ne connaît pas comme, par exemple, parler en public ou devant un petit groupe, ou encore se présenter à un entretien d'embauche ou faire connaissance. Au Japon, les relations interpersonnelles sont très différentes comme l'a si bien décrit Amélie Nothomb dans son roman *Stupeur et tremblements*. Ainsi, certaines personnes de culture japonaise vont présenter fréquemment une sorte de peur exagérée et invalidante d'incommoder les autres par leur odeur, leur apparence physique ou encore par leurs mouvements ou expressions. Ce syndrome spécifique est lié à une modestie excessive et à une peur quasi délirante d'être la cause d'une gêne ou même d'un léger inconfort chez une autre personne. Il semblerait que cette sorte de peur particulière soit aussi trouvée en Corée et plus généralement dans les sociétés dans lesquelles la culture met en avant l'importance de l'appartenance à une collectivité dont les membres sont étroitement interdépendants. Dans ces cultures, la communication est essentiellement non verbale et l'éducation des enfants se fait sur un mode très autoritaire avec peu de place accordée à la parole.

La place de la culpabilité dans la dépression en Afrique

Une culpabilité excessive et inappropriée fait partie des symptômes de dépression. Cependant, il semblerait que dans la culture africaine qui valorise l'appartenance au groupe social cette culpabilité individuelle soit plus rarement présente, du moins dans la culture traditionnelle. Par contre, les personnes peuvent se sentir facilement envoûtées ou persécutées en cas de difficultés ou de déception et chercheront des solutions à leurs problèmes auprès de guérisseurs qui sauront comment gérer une éventuelle menace ou des pratiques de sorcellerie qu'elles considèrent à l'origine de leurs problèmes.

Ces croyances, considérées comme des délires dans une société occidentale, sont courantes dans le milieu africain traditionnel.

On doit ajouter que, dans les sociétés traditionnelles, les individus font partie d'un clan et d'une famille qui leur assignent une place précise. Dans ce contexte, l'individu ne saurait rechercher une réussite personnelle, elle n'aurait aucun sens dans ce code. L'intégration dans les sociétés occidentales individualistes met les individus des sociétés traditionnelles dans des positions dans lesquelles ils sont écartelés entre des demandes très fortes de participation à la vie familiale élargie et celles de la société d'accueil qui les considère comme des individus uniques. Les effets de l'immigration sont d'autant plus marqués que la plupart des migrants vivent dans des conditions socio-économiques difficiles qui s'ajoutent à la transformation des valeurs sociales et religieuses.

Tous les degrés peuvent alors exister entre ceux qui se rapprochent de leur communauté d'origine et ceux qui souhaitent s'intégrer et adopter les habitudes de la société d'accueil. Le passage se fait généralement plutôt bien. Une étude menée en Hollande comparant le devenir des adolescents hollandais et turcs montre que si des différences existent au moment de l'adolescence en ce qui concerne les différents aspects de la santé mentale, comme les troubles du comportement ou l'anxiété et la dépression, ces différences s'estompent une fois atteint l'âge adulte. Parce que le fait d'entrer dans la vie adulte fait que les enfants des immigrants turcs prennent plus d'autonomie par rapport à leur famille d'origine ? Parce que leur réussite sociale les comble dans la mesure où la plupart d'entre eux ont atteint des niveaux sociaux plus élevés que leurs parents ?

DES PAYS PLUS À RISQUE POUR LA SCHIZOPHRÉNIE ?

Chaque année en moyenne 10 personnes sur 100 000 de 12 à 60 ans développent une schizophrénie.

On a longtemps pensé que plus on utilisait une définition précise des troubles mentaux, ne tenant compte que des symptômes les plus sévères de la schizophrénie, plus les taux des différents pays étaient identiques. Cette opinion était tirée d'une enquête très célèbre menée par l'OMS sur l'incidence de la schizophrénie dans sept pays et qui avait utilisé une méthode assez rigoureuse pour aboutir à la mesure de taux d'incidence de cette maladie. Dans cette enquête, les taux d'incidence variaient de 7 à 14 sur 100 000 dans des centres aussi divers qu'Arrhus (Danemark), Honolulu

(Hawaii), la partie urbaine de Chandigarh (Inde) et Nottingham (Royaume-Uni).

Cependant, cette affirmation vient d'être récemment battue en brèche très vigoureusement, à partir de la reprise des résultats d'études d'incidence très sérieuses en provenance de vingt-cinq pays très différents : Barbade, Brésil, Canada, Chine, Croatie, Danemark, Finlande, Allemagne, Islande, Inde, Irlande, Italie, Jamaïque, Japon, Nouvelle-Zélande, Norvège, Pakistan, Fédération de Russie, Singapour, Espagne, Suède, Pays-Bas, Trinité, États-Unis et Royaume-Uni.

L'incidence moyenne est de 15,2 pour 100 000 habitants et varie de 7,7 à 43 pour 100 000, ce qui représente une différence de 1 à 5. Ces différences importantes sont expliquées par l'effet de l'environnement sur la maladie et plus précisément les relations entre patrimoine génétique et environnement, tant sur la survenue de ces troubles que sur leur évolution.

Des taux de schizophrénies plus élevés chez les immigrants et en milieu urbain

Le fait d'être né dans une ville multiplie par 2 le risque de développer une schizophrénie par rapport au milieu rural ; le risque est encore plus élevé pour ceux qui vivent en milieu urbain.

Les immigrants ont beaucoup plus de risques de schizophrénie : de trois à cinq fois plus suivant les études, par comparaison avec les populations du pays vers lequel ils immigrent mais aussi de celui dont ils viennent. Ce dernier point démontrant l'importance des interactions génétique/environnement.

Les migrants de première génération ont un risque multiplié par 2,7 de présenter une schizophrénie en les comparant avec les personnes qui ne sont pas des immigrants ; ce risque est encore plus élevé pour les immigrants de deuxième génération pour lesquels il est de 4,5.

Les immigrants des pays non développés ont un risque plus élevé que les autres immigrants et ceux qui habitent dans des quartiers dont la majorité des habitants sont africains ou afro-américains ont plus de risques que les migrants qui n'habitent pas de tels quartiers.

L'incidence de la schizophrénie n'est pas plus élevée dans les milieux défavorisés, par contre le cours de la maladie amène presque toujours les personnes qui en souffrent à perdre leur statut social. Le devenir de la personne malade est alors lié à de nombreux facteurs, dont le niveau acquis au moment de la maladie tant pour les compétences sociales que professionnelles qui, bien que diminuées par la suite, constituent des éléments appréciables d'adaptation ultérieure. La qualité de l'environnement familial joue également un rôle essentiel.

Les patients des pays moins développés semblent moins chroniques que les autres

Contrairement à ce qu'on pourrait penser en raison de l'accès aux soins, les patients qui vivent dans des pays dits non développés semblent moins souffrir de chronicité que ceux qui vivent dans les pays développés où en fait ils sont souvent très marginalisés.

De fait, la société moderne, très compétitive, laisse peu de place aux malades mentaux qui souffrent d'une mauvaise image et ont généralement peu de moyens financiers. Ainsi la plupart des personnes qui souffrent de schizophrénie en France n'ont-elles pas de travail et rencontrent-elles de grandes difficultés à trouver un logement décent en dehors du circuit familial. Leur vie sociale est très pauvre, la plupart du temps, elles restent célibataires et vivent seules. Tous ces éléments entraînent une marginalisation qui ne favorise pas la guérison. Dans d'autres cultures, on peut au contraire trouver des formes de vie familiales laissant la place à une participation active à la vie sociale même pour des personnes ayant des capacités limitées de communication.

Cette observation doit cependant être modulée par de récentes études qui montrent que, dans certains centres d'observation de pays développés, les patients ont un bon pronostic et qu'au contraire, dans certains pays dits non développés, leur devenir n'est pas très bon même si la relation décrite ci-dessus continue généralement de s'appliquer.

Y a-t-il des professions à risque ?

Le travail tient une place très importante dans la vie et il est généralement admis que les conditions de travail ont une influence sur la santé, notamment psychique.

L'étude des relations entre le travail et la santé mentale est pourtant loin d'être simple. Tout d'abord parce que la personne qui travaille a une vie en dehors de son métier dont il faut tenir compte, ensuite parce que la description du travail comporte des aspects très divers, tels que le secteur d'activité, la position hiérarchique dans ledit secteur, mais aussi les niveaux de liberté dans l'organisation du temps et des activités, le degré de dépendance à d'autres personnes, auxquels s'ajoutent des pressions diverses comme la peur de perdre son emploi, la culture d'entreprise, l'intérêt que l'on trouve à son travail, le salaire et les avantages associés, etc.

ON NE CHOISIT PAS SON MÉTIER PAR HASARD

Un autre facteur est encore plus difficile à évaluer : l'autosélection. En effet, le choix ou l'exclusion d'un métier sont eux-mêmes liés à des facteurs de personnalité et d'une certaine manière à l'état de santé mentale.

Prenons par exemple le cas des enseignants : pour pouvoir être un enseignant, il faut avoir un certain niveau d'études, par conséquent les personnes qui n'ont pas accompli une scolarité poussée ne pourront pas prétendre à ce métier, ce qui exclut tout un segment de population. Les raisons d'interruption ou d'échec peuvent être par exemple un épisode psychotique qui fera interrompre des études ou encore une hyperactivité et/ou des troubles de l'attention. Une personnalité antisociale aura aussi plus de difficultés à composer avec l'école et peu de chances d'être admise à l'université. À côté des critères nécessaires pour poser sa candidature au métier d'enseignant, il y a des éléments de choix positifs comme, par exemple, aimer les enfants, aimer la position de celui qui apprend à quelqu'un d'autre, et des éléments qui, au contraire, font préférer un autre métier ; par exemple de nombreuses personnes qui ont fait des études et qui pourraient être des enseignants n'ont pas du tout envie de faire ce métier mais préfèrent plutôt les métiers du commerce ou les métiers de la santé.

Certains aiment faire régner l'ordre et souhaitent entrer dans la police ou les forces armées quand, pour d'autres, ces métiers sont inenvisageables et que d'autres font ce métier parce qu'ils n'ont pas le choix.

Derrière ces choix se profilent des individus très différents dans leur vécu personnel, leurs aspirations et très probablement leur personnalité. Ainsi, certains seront très rassurés d'être des fonctionnaires dont l'emploi est garanti quand d'autres souhaitent une vie plus aventureuse et aiment prendre des risques.

VIE PERSONNELLE ET MOYENS FINANCIERS

À côté de son métier, on a une vie personnelle : conjugale par exemple, qui peut être source de stress ou de grandes joies, ou les deux. Ou encore son rôle de parent. On a aussi une vie de loisirs qui est à la fois fonction de ses moyens financiers et de son temps libre. Par exemple, des études montrent qu'en général les enseignants, bien que ne disposant pas de moyens financiers très élevés, ont une vie culturelle et associative très remplie.

Le métier, en particulier la place qu'occupe le travailleur, est associé à un salaire et à des moyens financiers : certains métiers sont associés à des moyens financiers très faibles qui conditionnent le quartier où l'on vit et le type de logement qu'on habite.

Une étude prospective très poussée des troubles dépressifs dans une population d'employés des maisons de retraite pour personnes âgées ou invalides aux États-Unis, démontre l'importance des conditions financières sur leur santé mentale. Ainsi, même si le type d'organisation du travail et le niveau de contraintes vécues par ces travailleuses semblent liés à la survenue d'une dépression, cet effet disparaît quand on prend en compte leur niveau de revenu.

Une autre étude, conduite chez les enseignants, montre que le fait de tenir compte du statut matrimonial, en particulier le fait d'être divorcé ou séparé, dans une comparaison des troubles dépressifs avec des personnes qui ne sont pas des enseignants, annule tout effet du métier d'enseignant sur la santé mentale.

On ne peut évidemment pas éliminer la possibilité que c'est le fait d'être enseignant qui a amené à divorcer ou à rester seul après un divorce, surtout dans certains cas où le contexte professionnel est quasi exclusivement féminin. De même qu'on peut aussi se dire que les personnels soignants des maisons pour handicapés sont *a priori* des personnes fragiles qui se sont retrouvées à faire ce métier à la suite des conséquences de cette même fragilité qui les a gênées dans leurs études, leur ascension sociale et leur vie personnelle.

L'IMPORTANCE DU CONTEXTE

Le contexte dans lequel le métier est exercé doit aussi être pris en compte. Toujours pour le métier d'enseignant, il existe des différences très importantes entre un enseignant qui exerce dans une classe unique en milieu rural, comme dans le film *Être ou avoir* de Nicolas Philibert, et un professeur d'un grand lycée parisien ou celui d'un collège d'une banlieue défavorisée ou encore un enseignant d'université.

L'ambiance au travail et la « pression »

L'organisation du travail a aussi son importance. Dans une même entreprise, certains services peuvent être agréables et d'autres insupportables, en raison de la personnalité du chef du service ou de la façon dont sont organisées les tâches.

On a aussi décrit les caractéristiques d'un travail en fonction de la latitude qui est laissée à la personne pour s'organiser, ainsi que des demandes qui lui sont faites et qui peuvent constituer une pression psychologique, par exemple ne jamais avoir le temps nécessaire pour accomplir un travail ou faire l'objet de demandes contradictoires.

L'adéquation personnelle avec son métier

En fait, on admet de plus en plus qu'il existe une interaction entre le travail et la personne qui l'exerce. Il s'agit donc d'optimiser les possibilités pour que cette personne trouve dans son univers professionnel, y compris dans les contraintes liées à cet univers, une réponse à ses aspirations et une utilisation adéquate de ses aptitudes. Quand la distance entre le travail et les aspirations est trop accentuée, la personne finit par développer des réactions négatives, ressent du stress et met en place des réactions de défense, par exemple un absentéisme.

QUELS SONT LES MÉTIERS LES PLUS EXPOSÉS ?

Au risque de dépression

Une enquête américaine a classé les professions à risque pour la dépression et trouvé trois groupes particulièrement à risque : les avocats viennent en tête, suivis par les conseillers d'éducation et les enseignants engagés dans l'éducation des enfants handicapés, alors que les autres enseignants ont des taux identiques à ceux de la population générale, qu'ils enseignent dans le primaire ou le secondaire. Le troisième groupe est celui des secrétaires dont le risque est le double. Bien entendu, cette évaluation des risques tient compte du fait que, dans certaines professions, les femmes sont plus nombreuses, et que la structure d'âge des personnes qui exercent ces professions peut être différente.

Au risque de suicide

Une étude anglaise a permis d'analyser 13 000 suicides et 252 000 décès hors suicide en tenant compte des professions de ces personnes et de leurs caractéristiques sociodémographiques. Trois professions semblent avoir une suicidalité plus élevée que le reste de la population : les médecins, les infirmières et les vétérinaires.

Cette tendance a été confirmée par d'autres études qui ont trouvé que les personnes du secteur de la santé (les médecins, les dentistes, les infirmières et travailleuses sociales) avaient un risque suicidaire plus élevé que les autres.

Une autre étude plus détaillée semble montrer que le taux élevé de suicide des médecins est surtout le fait des femmes médecins et en particulier des psychiatres.

Plusieurs explications ont été avancées : tout d'abord un accès facile aux moyens les plus meurtriers puisque tous ces professionnels ont accès à des médicaments qui peuvent être très dangereux.

Cependant des études dites d'« autopsie psychologique » pratiquées chez des infirmières britanniques, ont montré que les infirmières qui s'étaient suicidées, souffraient de problèmes psychiatriques sévères associés à des problèmes d'alcool et avaient eu des antécédents de tentatives de suicide. Un élément défavorable pourrait être que les professionnels de la santé en contact avec des personnes en souffrance, aient du mal à faire une demande d'aide pour eux-mêmes et tendent à se soigner eux-mêmes au lieu de se faire suivre par un autre professionnel.

Il y a aussi la question du choix de la profession ; par exemple les médecins qui souffrent de troubles dépressifs ont tendance à se tourner vers la psychiatrie. Plus généralement, le choix d'une profession qui est en contact quotidien avec la souffrance et la mort peut attirer des personnes elles-mêmes dépressives. De plus, il y aurait une sorte d'interaction néfaste entre un stress élevé dans le travail, une personnalité fragile, voire souffrant d'un problème de santé mentale, un accès facile à des moyens très dangereux et une réticence à se faire prendre en charge.

La population des policiers a semblé aussi à risque pour le suicide, mais il semble que lorsqu'on contrôle pour les facteurs sociodémographiques, il ne soit pas augmenté. De même, en ce qui concerne les personnels de métiers exposés aux traumatismes comme les militaires, les pompiers, les ambulanciers, pour lesquels il semblerait même que les taux de suicide soient plus bas que la moyenne. Une des explications de cette constatation est que les méthodes de sélection excluent de ces métiers les personnes présentant des problèmes de santé mentale dans les pays où ces travaux ont été conduits.

Le cas des agriculteurs est plus complexe. Certaines études montrent un taux plus bas quand d'autres montrent au contraire des taux plus élevés. Il semblerait en effet que les circonstances peuvent être très différentes suivant les régions. Dans les zones où la pression économique est très forte, où les agriculteurs sont très isolés, ont peu accès aux soins en santé mentale et où les services d'urgence sont éloignés, le taux de suicide peut être très élevé surtout lors d'une circonstance particulière comme une épidémie mortelle parmi leurs animaux.

D'une façon générale, le fait de vivre en zone rurale isolée est un facteur de risque pour le suicide et plus spécifiquement pour les hommes âgés.

Enfin, certaines études ont mis en avant des groupes professionnels à risque comme celui des mathématiciens, des scientifiques ou encore des artistes.

Au risque d'alcoolisme et de toxicomanie

Le fait que certaines professions soient particulièrement à risque pour les problèmes d'alcool ou de drogues est bien connu, sans qu'on sache vraiment si ce sont les personnes qui ont ces problèmes qui choisissent ces professions particulières, si les conditions d'exercice de ces professions engendrent les problèmes ou encore si ces deux mécanismes agissent ensemble.

Les études les plus anciennes datent des années 1960 et utilisent les statistiques de mortalité par cirrhose du foie ; ainsi dans l'Angleterre de ces années-là, les chefs d'entreprise ont une mortalité vingt fois plus élevée que la moyenne par cirrhose du foie, ils sont suivis par les tenanciers de bistrot et d'hôtel, et les travailleurs des loisirs (acteurs, musiciens, danseurs). Les militaires ont un taux quatre fois plus élevé et les juges, avocats et avoués ont un taux qui atteint le double de celui de la population générale.

D'autres catégories ont aussi un taux élevé de problèmes avec l'alcool : les professions du bâtiment et celles des transports ; ces dernières ayant aussi un risque élevé d'utiliser des stimulants.

D'une façon générale, les catégories professionnelles dans lesquelles les produits sont facilement disponibles sont plus à risque, c'est-à-dire les barmen, les métiers du spectacle, mais aussi les personnes qui travaillent dans la fabrication de l'alcool, ont plus de problèmes avec l'alcool que les autres professions.

Le même risque a été noté avec les drogues et les substances utilisées d'une manière toxicomaniaque. Les médecins ont un risque élevé non seulement pour les problèmes d'alcool, mais surtout pour les produits qu'on ne peut se procurer que par ordonnance : les hypnotiques, les analgésiques. On a même décrit les tendances en fonction de l'âge des praticiens : ceux qui sont dans la trentaine ou la quarantaine abusent des opiacés tandis que les plus âgés ont des problèmes avec l'alcool. Des études semblent montrer que les problèmes avec les substances toxiques se constituent au cours des études de médecine car les étudiants en médecine consomment plus de substances que les autres étudiants. Ainsi, une étude conduite au Royaume-Uni a montré que 11 % des étudiants en médecine consommaient régulièrement du cannabis et 10 % de l'ecstasy et de la cocaïne, et que 60 % consommaient de l'alcool en grande quantité. Cette étude semblerait montrer que les étudiants en médecine ont un profil de consommation de toxiques plus élevé que celui de la population générale du même âge.

Aux États-Unis, certaines études semblent montrer que les psychiatres pour les tranquillisants et les urgentistes pour les drogues illicites sont les spécialités qui ont le plus de problèmes avec les substances. Les anesthésistes utiliseraient aussi plus fréquemment des opiacés.

Ces tendances ont aussi été retrouvées dans certains groupes d'infirmières, comme les infirmières des urgences qui utiliseraient trois fois et demie plus de cocaïne et de marihuana, et les infirmières travaillant en oncologie qui auraient plus de problèmes d'abus d'alcool.

On a aussi décrit le stress des ambulanciers qui sont plus exposés aux troubles de stress post-traumatique et qui en cas d'absence de soutien dans des situations particulièrement traumatisantes auraient tendance à abuser de substances.

En dehors de ces groupes professionnels particuliers, il semble que les personnes qui occupent des fonctions avec peu de responsabilité aient plus tendance à avoir des problèmes avec l'alcool, du moins pour les hommes.

Par contre, pour ce qui est des femmes, plusieurs études semblent montrer au contraire que c'est dans les catégories qui ont les plus hauts niveaux de responsabilité que les problèmes d'alcool sont les plus fréquents.

Comme nous l'avons dit, il est difficile de faire la part de ce qui revient à une prédisposition et de ce qui relève du contexte professionnel.

Une étude a montré que les adolescents qui avaient une consommation élevée d'alcool se trouvaient, une fois devenus adultes, dans des métiers à faible niveau de responsabilité, ce qui aggravait leur propension aux problèmes d'alcool.

Bien entendu, certains facteurs personnels existent en dehors du milieu professionnel qui poussent à avoir des problèmes avec l'alcool ou d'autres substances. Cependant, certains facteurs professionnels sont incontestablement présents ; par exemple, il existe des sortes de rituels qui font que, dans certains métiers, les personnes sont pratiquement obligées de consommer de l'alcool pendant ou après le travail. Il y a aussi des lieux où l'alcool est toujours présent comme dans les métiers des transports (avions par exemple) ou encore des métiers stressants ou au contraire très routiniers où l'alcool ou d'autres substances sont utilisés couramment pour gérer le stress ou l'ennui. Dans certains métiers, l'alcool a une valeur normative et refuser d'en consommer peut conduire à une exclusion du groupe.

Une partie des études citées a été conduite dans des pays dans lesquels l'usage de l'alcool est différent de celui qui en est fait en France et, de plus, on note ces dernières vingt années une nette tendance à la baisse dans presque tous les pays européens.

Cependant, il ne faut cependant pas sous-estimer le problème encore actuellement ; il existe des rapports sur la fréquence des ivresses chez les lycéens, mais aussi chez les jeunes diplômés, en particulier dans les grandes écoles dont certaines ont une culture des fêtes fréquentes et très arrosées, qui mettent les jeunes en position de risque de développer des problèmes à long terme s'ils ont une certaine fragilité ou s'ils vivent des situations particulièrement difficiles.

Au risque de délires et d'hallucinations ?

La survenue de troubles délirants a aussi été étudiée en fonction des professions. Le fait que les personnes qui souffrent de troubles délirants se trouvent dans les classes sociales les moins aisées est documenté par de nombreuses études. La question est de savoir si c'est la maladie qui fait que les personnes ne pouvant exercer des métiers bien rémunérés sont conduites en bas de l'échelle sociale ou si, au contraire, ce sont les conditions d'exercice des métiers les plus difficiles ou les conditions de vie en milieu défavorisé qui créent un risque pour la santé mentale.

La plupart des études ont conclu que le fait de souffrir d'un trouble délirant est responsable d'une descente dans l'échelle sociale, à l'exception de la maladie maniaco-dépressive.

Une étude originale, conduite aux États-Unis, mérite d'être citée. Elle a permis d'étudier la survenue de troubles délirants sur une période d'un an auprès d'un large échantillon de personnes exerçant différentes professions.

Les personnes présentant le plus fréquemment la survenue d'épisodes délirants étaient celles exerçant une profession artistique et celles qui travaillaient dans le bâtiment.

La catégorie « artistes » comprenait les écrivains, les artistes en général, les gens du spectacle et curieusement les athlètes, pour lesquels le risque de développer des troubles délirants est trois fois plus élevé que dans les métiers de bureau par exemple.

Les artisans – charpentiers, plombiers, peintres, électriciens, couvreurs – ont aussi un risque plus élevé : deux fois et demie plus que les bureaucrates. Ces risques prennent en compte la consommation d'alcool et de marihuana, plus élevée dans les groupes en question.

Le fait que les artistes aient des taux de troubles délirants plus élevés avait déjà été trouvé dans d'autres études, en particulier dans les études concernant la maladie maniaco-dépressive qui s'accompagne de délires lors des épisodes aigus. Des études de laboratoire ont montré que les personnes créatives ont des mécanismes cognitifs proches de ceux retrouvés chez ceux qui souffrent de troubles psychotiques. D'autres études ont montré que les étudiants des écoles d'art avaient des taux plus élevés d'expériences de sensation prédélirante comme des sensations étranges ou des expériences paranormales.

Créativité et psychoses

Le fait que les artistes aient des fréquences plus élevées de troubles délirants est probablement le résultat d'une autosélection, c'est-à-dire que les personnes qui ont ces caractéristiques se dirigent vers les métiers artistiques. Il reste cependant possible que le fait de vivre « comme un artiste », c'est-à-dire en dehors des normes, constitue un facteur de risque d'épisodes délirants, ou encore que ce mode de vie corresponde souvent à des moments de privation de sommeil qui favorise des épisodes délirants.

En fait, il est probable que ces éléments s'additionnent. Les personnes qui ont une tendance naturelle à s'évader de la réalité se sentent attirées vers les métiers artistiques qui, en retour, leur proposent une vie dans laquelle les repères sont peu présents tant intellectuellement que physiquement : les plus fragiles d'entre eux peuvent basculer vers des épisodes délirants.

Les relations entre créativité et psychose ont été très étudiées et de nombreux artistes ont séjourné dans des hôpitaux psychiatriques au point que l'hôpital psychiatrique de Sainte-Anne, à Paris, a baptisé ses rues intérieures de noms d'artistes célèbres.

Gérard de Nerval, Guy de Maupassant et Charles Gounod ont séjourné en clinique psychiatrique. Les hospitalisations psychiatriques de Camille Claudel ou de Vincent Van Gogh sont aussi très connues. Les maladies mentales ont émaillé la vie de nombreux artistes, ce qui ne veut évidemment pas dire que tous les artistes ont des maladies mentales, ni qu'il faille être malade pour être un artiste. Il y a certainement de nombreuses façons d'être créatif ; certaines personnes transforment leur douleur en art tandis que d'autres créent d'une façon plus sereine. Auguste Renoir, par exemple, n'a jamais eu la réputation d'être torturé par la douleur morale. Bien des artistes ont été de bons vivants tout comme il existe des artistes « maudits » qui ont énormément souffert, voire se sont suicidés.

La créativité implique cependant un certain décalage par rapport à la réalité, même si ce décalage n'est pas forcément douloureux. Certains arrivent mieux que d'autres à domestiquer ce décalage en fonction de leur personnalité et de leur entourage.

La créativité a souvent été considérée comme une sorte de réparation du sujet : sa production lui permettant en quelque sorte de se reconstituer, c'est certainement une des voies vers le haut de la guérison des troubles mentaux, mais elle ne saurait être réduite à cela.

Dans un autre registre, les métiers de la construction semblent aussi à risques pour les troubles psychotiques : on trouve des taux élevés parmi les personnes travaillant dans des conditions particulièrement difficiles en particulier à cause du bruit, mais aussi de la poussière et de l'humidité.

La question se pose, là encore, de savoir si ces postes sont occupés par des personnes fragiles qui ne peuvent s'en échapper alors que les personnes plus solides arrivent à trouver un autre travail, ou si ces conditions de travail particulièrement difficiles précipitent les troubles ou encore si les deux effets s'additionnent.

Inversement, on note que les personnes qui ont des métiers où s'exerce une pression psychologique intense ont des risques moins élevés de développer des troubles psychotiques. En fait, les métiers à forte contrainte psychologique et relationnelle sont en général évités par celles qui ont des difficultés à gérer des relations trop rapprochées et complexes, d'où cette relation négative. On peut aussi penser que si des personnes, fragiles de ce point de vue, arrivaient à occuper ces positions, elles en seraient exclues en cas de troubles délirants.

On voit d'une façon générale qu'il existe une relation inverse entre le niveau de contrôle sur son travail et la probabilité de développer des troubles psychotiques.

LES ENSEIGNANTS ONT-ILS PLUS DE PROBLÈMES PSYCHIQUES QUE LES AUTRES PROFESSIONS ?

La majorité des gens, dont les enseignants eux-mêmes, est persuadée que les enseignants souffrent plus fréquemment de ces problèmes que le reste de la population.

Cette sensibilisation a des conséquences positives : on peut voir à travers les enquêtes que les hommes enseignants se soignent plus adéquatement quand ils ont des problèmes ; par exemple, ils entreprennent plus souvent des psychothérapies en cas de besoin que ne le font les hommes non enseignants qui sont plutôt réticents à ces approches.

Les enseignants sont-ils plus stressés ?

Dans la plupart des enquêtes, les enseignants se disent stressés par leur travail. Qu'il s'agisse d'enseignants anglais, américains, australiens, suédois, hongkongais, italiens ou français, tous se plaignent du manque de discipline des élèves, des exigences des parents, des changements trop rapides des programmes, du poids de la hiérarchie, pour ne citer que les principaux griefs.

D'une manière générale, les enseignants considèrent que les difficultés dans l'exercice de leur métier ne concernent pas le cœur de leur métier, à savoir transmettre des connaissances aux élèves, mais l'environnement : parents, hiérarchie, collègues et tâches extrascolaires.

Cela signifie-t-il qu'ils sont plus stressés que les autres ? Chaque métier a son stress, et les mécanismes pour y faire face sont plus ou moins efficaces.

On a décrit le stress des aiguilleurs du ciel et leur tendance aux ulcères de l'estomac, on a aussi décrit le stress des « *golden boys and girls* » qui travaillent sur des enjeux financiers très élevés qui font aussi des ulcères et ne restent d'ailleurs pas longtemps dans ces métiers très exposés.

On peut également parler du stress des ambulanciers et des pompiers chez lesquels a été décrite une plus grande fréquence d'anxiété dite post-traumatique, car ils sont plus que les autres exposés à des situations traumatisantes.

Nous avons vu que les avocats ont des taux très élevés de dépression, que les professions médicales ont des taux élevés de suicide et enfin que certaines professions ont des prévalences de problème d'alcool ou de drogues plus élevées que d'autres.

Il semble donc que chaque profession ait ses risques pour la santé mentale et présente un degré plus ou moins élevé de stress, mais rares sont les études qui ont comparé les stress engendrés par une profession et par une autre.

Une comparaison d'une large population d'enseignants de l'enseignement public avec des personnes de milieu social équivalent n'a montré aucune différence entre les enseignants et ces autres personnes sur différents indicateurs de la santé mentale ; détresse psychologique et diagnostics des problèmes les plus fréquents : troubles dépressifs et anxieux et troubles avec l'usage de l'alcool, et quand des différences existent, ce sont toujours les non-enseignants qui présentent le plus de troubles.

Alors que les enseignants pensent eux-mêmes souffrir plus fréquemment que d'autres de problèmes de santé mentale, ils ne réalisent pas toujours qu'ils souffrent plus fréquemment de certains problèmes de santé physique. Par exemple, ils font plus fréquemment des infections des voies respiratoires supérieures : rhinopharyngites, laryngites que les non-enseignants, plus aussi d'eczéma, de dermatites et d'infections urinaires. Ils se plaignent aussi fréquemment de problèmes avec leur voix.

Ils sont sujets à des niveaux sonores parfois très élevés et certains présentent des troubles de l'audition qui peuvent être très gênants dans l'exercice même de leur activité.

Inversement, les enseignants semblent avoir une meilleure hygiène de vie que les non-enseignants ; ils sont moins souvent obèses ou en surpoids que les fonctionnaires non-enseignants, ils pratiquent plus souvent des sports et ont une vie associative et culturelle plus riche.

Les risques du métier

20 % des enseignants ont peur des violences physiques et 40 % des violences verbales. Les femmes ont plus peur que les hommes et ces craintes sont plus élevées dans les lycées techniques : 34 % des hommes et 29 % des femmes craignent des violences physiques. Dans les collèges : 30 % des femmes et 20 % des hommes. Ces craintes sont rares dans l'enseignement universitaire (2 %) et, curieusement, restent relativement élevées dans la maternelle et le primaire ainsi que dans les lycées : 18 et 17 %. Nous avons interprété les réponses pour les classes les plus jeunes

comme une crainte vis-à-vis des parents, certains venant menacer physiquement les enseignants.

Les craintes de violence verbale sont très fréquentes au collège : 63 % des femmes et 50 % des hommes.

Il est frappant de constater que, du moins en ce qui concerne les violences physiques, la fréquence de ces craintes n'est pas du tout en relation avec la survenue effective de ces violences, qui restent quantitativement très rares si l'on considère le nombre d'établissements et le nombre d'élèves qui fréquentent quotidiennement ces établissements. Ceci d'autant que les statistiques fournies par l'Éducation nationale montrent que ces violences sont cantonnées à quelque 200 établissements sur 700 000 environ et n'ont pas augmenté depuis qu'un recueil a été mis en place. Il est vrai que ces actes, dont certains sont particulièrement effrayants, sont largement relayés par les médias, donnant l'impression d'un risque permanent pour les enseignants quels qu'ils soient.

Le soutien de la part des collègues semble particulièrement important dans la gestion des problèmes. Les enseignants qui disent ne pas recevoir de soutien de leurs collègues ont plus de problèmes de santé mentale que les autres. Évidemment, il est toujours difficile de savoir si ce manque d'aide est dû en totalité ou en partie au fait qu'ayant eux-mêmes des difficultés, ils ne savent pas demander ou utiliser cette aide potentielle.

Le fait d'avoir choisi sa profession par vocation ou intérêt est aussi un facteur protecteur. Ceux qui ont choisi cette profession pour d'autres raisons, comme un échec dans une autre filière ou des problèmes d'argent, ont plus de risques d'avoir des problèmes de santé mentale.

Cependant, le choix par vocation a ses propres risques. Ainsi, si un enseignant choisit son métier par vocation mais estime qu'il ne l'exerce pas comme il l'aurait idéalement souhaité, ses risques pour sa santé mentale augmentent. Là encore, il est difficile de dire si ces risques augmentent à cause d'une détérioration des conditions de travail, ou si cet enseignant a placé son idéal trop haut et est trop perfectionniste et rigide, traits de personnalité eux-mêmes liés à un risque dépressif accru.

Les maladies mentales sont-elles plus fréquentes à la ville ou à la campagne ?

LA CAMPAGNE FACTEUR DE BONNE SANTÉ MENTALE ET LA VILLE FACTEUR DE MAUVAISE SANTÉ MENTALE : VRAI OU FAUX ?

La campagne a eu la réputation d'être un facteur de bonne santé mentale et la plupart des hôpitaux psychiatriques et des cliniques ont été construits à la campagne dans un décor verdoyant avec l'idée que le rapprochement avec la nature était un facteur de guérison.

De fait, de très nombreuses études ont trouvé des taux de maladies mentales plus élevés dans les villes qu'à la campagne, en particulier pour les troubles dépressifs.

Les raisons théoriques de cette surmorbidité dans les villes sont nombreuses. Les liens sociaux seraient plus solides dans les campagnes qu'en ville, où les personnes sont plus isolées dans un relatif anonymat tandis que les membres des familles sont souvent dispersés alors qu'ils étaient proches quand ils vivaient à la campagne. De plus, alors que l'habitat rural permettait à des familles entières d'habiter ensemble, la plupart du temps, les logements urbains ne peuvent héberger qu'une famille quand ce n'est pas une personne seule, et les personnes vivant seules sont plus nombreuses en ville qu'à la campagne.

La vie en ville plus stressante qu'à la campagne ?

Habiter en ville suscite un excès de stress dans de multiples domaines : tout y serait plus difficile. Il est plus difficile d'y trouver un logement et cela crée à la fois une pression financière et une pression sur les membres de la famille qui doivent cohabiter dans une petite surface tandis que les enfants ont peu d'espaces de loisirs. Le fait d'élever un ou plusieurs enfants est plus difficile à la ville, d'autant que les trajets entre le travail et l'école peuvent devenir épuisants et qu'il n'est pas toujours simple de trouver des moyens de faire garder ses enfants. La proximité et les difficultés du quotidien pèseraient sur la vie conjugale, rendant les divorces plus fréquents en milieu urbain d'autant que la famille élargie ne peut plus avoir son rôle stabilisateur éventuel et que les valeurs morales et religieuses sont moins fortes en milieu urbain car le contrôle social y est plus faible.

La violence est plus fréquente en milieu urbain, qu'il s'agisse de la petite criminalité, comme le vol, ou de la grande (meurtres et autres violences). Dans certaines villes ou dans certains quartiers l'insécurité est élevée. Les villes concentrent des zones de pauvreté qui sont souvent aussi des zones d'insécurité et d'habitation insalubres ou de très mauvaise qualité.

Dans un autre registre, il semblerait que les effets de la perte d'un membre de la famille ne soient pas les mêmes en milieu urbain qu'en milieu rural : en milieu urbain, la perte d'un parent est un facteur de risque pour la dépression tandis que dans un milieu rural traditionnel, la perte d'un parent est plutôt un facteur de risque pour un trouble anxieux, en particulier un trouble de type phobique.

Les urbains : souvent des ruraux qui ont émigré à la ville

La plupart des habitants des villes ont en fait émigré de la campagne vers la ville et se retrouvent ainsi coupés de leurs bases familiales et sociales, tout en devant fournir un degré élevé d'adaptation à cette nouvelle vie. Cette question de l'immigration rurale soulève celle de la sélection de la population qui migre vers les villes. Certes, cette immigration n'a pas les mêmes bases suivant les pays et les époques. Cependant, il se peut que, dans certains contextes, les émigrants soient les personnes les plus fragiles, qui cherchent refuge dans les villes, alors que dans d'autres contextes ce sont au contraire les personnes les plus actives et les mieux adaptées qui se dirigent vers les villes, ne laissant dans les campagnes que ceux dont les moyens psychiques ne leur permettent pas d'envisager une telle adaptation. La vie à la ville semblant être plus stressante que la vie à la campagne, la vie en milieu urbain ne peut qu'accentuer la fragilité des personnes quand elles sont venues s'y réfugier.

Les conséquences des mobiles à l'immigration ne sont pas les mêmes sur la nature de la population urbaine et de ses différences avec la population rurale. Les deux phénomènes peuvent d'ailleurs coexister et une étude que nous avons conduite à Paris sur les sans-abri montrait que dans leur grande majorité, ceux-ci venaient, quand ils étaient nés en France, de différentes provinces et fort peu de la région parisienne, laissant à penser que Paris était l'endroit où se réfugier pour des personnes fragiles, même si cette décision peut ne pas être adaptée étant donné les difficultés de la survie à Paris. Inversement, on peut constater que ce sont les personnes les plus ambitieuses et souvent celles qui réussissent le mieux leurs études qui quittent les villages et les petites villes pour faire des études puis s'installer dans les grandes villes, laissant les plus fragiles dans les campagnes.

Le phénomène peut s'accélérer quand il devient impossible d'avoir une vie agréable à la campagne, parce que les écoles et les commerces ferment et que la majorité de la population active quitte les villages qui ne sont plus peuplés que par des personnes âgées. Le récent recensement de l'Insee semble montrer une inversion de tendance ; les jeunes quittent l'Île-de-France dont la population d'adultes jeunes a baissé de plus de 2 % au profit des âges moyens de la vie, en partie à cause de la grande difficulté à accéder au logement.

Si certains villages se repeuplent, ce sont les villages qui sont situés en périphérie des grandes agglomérations et non ceux qui sont isolés dans la campagne.

LES CONDITIONS DE VIE JOUENT PLUS QUE LE FAIT DE VIVRE EN MILIEU RURAL OU URBAIN

Nous-mêmes avons conduit deux enquêtes sur des échantillons représentatifs des régions Île-de-France et Basse-Normandie qui permettent des comparaisons de ce type en France.

Nous avons retrouvé une prévalence plus élevée de troubles dépressifs en milieu urbain et plus particulièrement d'épisodes dépressifs très sévères. Dans cette étude, les troubles anxieux, en particulier les troubles phobiques sont plus fréquents en milieu urbain, par contre les problèmes avec l'alcool semblent plus élevés en milieu rural.

Cependant, l'étude note que la dépression est plus fréquente chez les personnes divorcées ou sans emploi et que ces personnes vivent plus souvent en milieu urbain que rural ; aussi, quand on tient compte de la composition de la population, toutes les différences que nous avions trouvées disparaissent. Les facteurs de risque en relation avec les conditions de vie actuelle (divorce, chômage...) ou passées (avoir été placé en institution ou avoir un parent ayant souffert de dépression ou hospitalisé en psychiatrie...) demeurent, mais ils sont équivalents dans les deux contextes.

Ceci semble donc démontrer que ce sont les conditions de vie des personnes qui déterminent leur santé mentale plus que leur environnement au sens écologique du terme.

On a aussi constaté que les difficultés de fonctionnement dues à un problème de dépression semblent plus fortes en milieu rural qu'en milieu urbain. Le mode de vie en milieu rural rend-il la vie plus difficile en cas de dépression qu'en milieu urbain ? En effet, les activités du milieu rural rendent peut-être plus difficile de s'arrêter ou de diminuer ses activités. On peut aussi penser que les personnes en milieu rural sont moins enclines à admettre leurs symptômes et ne les déclarent que quand ils sont vraiment handicapants.

DEUXIÈME PARTIE

LES DIFFÉRENTS TROUBLES PSYS AUJOURD'HUI

CHAPITRE 4

Augmentation des problèmes ou augmentation de la demande ?

D'une façon générale, tout le monde est persuadé que les problèmes de santé mentale sont en inflation galopante, et que, bien évidemment, le suicide augmente, mais aussi les dépressions, les schizophrénies, les maladies maniaco-dépressives, l'autisme et tous les problèmes d'anxiété auxquels s'ajoutent les problèmes de comportement alimentaire, d'alcool et de toxicomanie, ceci sans parler du stress omniprésent qui est accusé de précipiter les troubles mentaux.

Cette impression est partagée par tous les acteurs du vaste champ de la santé mentale – psychiatres et non-psychiatres –, et elle est largement relayée par les médias, dont les informations proviennent en grande partie des professionnels concernés par ces problèmes.

La psychiatrie et la santé mentale sont devenues un phénomène de société et font très souvent l'objet d'articles, des revues spécialisées sont consacrées à ce thème qui apparaît aussi dans la plupart des journaux non spécialisés.

Bien évidemment, les discours sur les maladies mentales sont en partie conditionnés par le type de média. S'il s'agit d'une information au journal de 20 heures, le temps de parole sera de quelques minutes et ne pourra contenir qu'un message très simple. Pour une émission télévisée, le temps sera éventuellement plus long, mais la ligne éditoriale conditionne le type de message qui ne doit pas être trop complexe. La radio et la presse écrite permettent plus d'élaboration sur un sujet qui est rarement simple, ce qui d'ailleurs lui est constamment reproché, car aujourd'hui pour communiquer la règle est celle d'un message facile à saisir rapidement.

On doit y ajouter tous les livres, revues spécialisées grand public et sites Internet où chacun peut exprimer librement ses impressions, mais sans s'appuyer forcément sur des études scientifiques, il faut bien le dire, pas toujours accessibles car rédigées dans un jargon complexe, généralement en langue anglaise et souvent contradictoires dans leurs résultats.

Un autre élément est à prendre en considération : en général, la presse et les émissions de télévision ont une meilleure audience pour les événements dramatiques que pour les non-événements que sont les personnes qui ont été malades et ont guéri.

Ces éléments font que l'image de la maladie mentale et des problèmes de santé mentale est par définition négative, puisqu'on ne relate que les accidents, les ratés, les cas les plus terribles et terrifiants et qu'on ne parle pas, ou très peu, des millions de personnes prises en charge chaque année dans notre pays par des intervenants divers, spécialistes en santé mentale ou non, et qui vont mieux.

Étant donné la fréquence des problèmes de ce type et l'intérêt dont fait part le public, car il s'agit d'événements spectaculaires et fascinants, les informations impliquant la psychiatrie font très fréquemment l'objet d'une couverture médiatique qui alimente l'impression d'une augmentation de la fréquence des problèmes.

Or la façon dont les statistiques sont utilisées renforce ces impressions. Dans toute information, il y a un numérateur – le nombre de personnes qui ont un problème à un moment ou sur une période donnée – et un dénominateur – le nombre de personnes qui sont à risque d'avoir ce problème. Le rapprochement des deux donne une idée de l'ampleur relative du problème et permet une mise en perspective qui est rarement faite.

On préfère en général parler de 100 000 suicides plutôt que de dire que le suicide touche environ 16 personnes sur 100 000 en France. Les deux informations sont justes, mais la première insiste sur le nombre absolu qui dans un pays de 62 millions d'habitants est toujours trop élevé, tandis que la deuxième donne deux informations à la fois : celle du nombre de personnes atteintes et celle du nombre de personnes non atteintes. De plus ce pourcentage permet de classer les informations en terme de fréquence et de suivre leur évolution dans le temps.

Quand on tente d'expliquer, chiffres à l'appui, que la tendance à l'augmentation des problèmes n'est pas étayée sur des données solides, voire que les données que nous possédons vont plutôt dans le sens contraire, cette affirmation rencontre une franche hostilité, au mieux une indifférence polie, à quelques notables exceptions. Or, comme nous allons le voir, les comparaisons rigoureuses entre les différentes périodes de temps de la fréquence des problèmes de santé mentale sont difficiles à réaliser méthodologiquement et on a tendance à confondre la fréquence des problèmes avec la fréquence de la demande de soin pour ces problèmes.

Une augmentation sensible de la demande en psychiatrie adulte

À lire les différents rapports du ministère de la Santé et les résultats des enquêtes décennales de santé, il n'existe aucun doute sur le fait que le nombre de personnes qui se sont adressées ou qui ont été adressées à la psychiatrie a considérablement augmenté ces vingt dernières années.

Il ne faut pas oublier cependant que la demande a beaucoup augmenté dans bien d'autres domaines de la médecine et que la psychiatrie a suivi la tendance générale. L'observation des tendances de consommation de médicaments des enquêtes décennales des années 1960, 1970 et 1980 montre une nette augmentation de la consommation de psychotropes, mais celle-ci est à peine le tiers de ce qu'on peut observer pour les médicaments concernant le système cardio-vasculaire. En termes de coûts, cette tendance est bien plus élevée pour les médicaments cardio-vasculaires que pour des psychotropes. De même, si la consultation auprès des psychiatres a augmenté, cette augmentation est moindre que celle observée dans d'autres spécialités.

Les Français ont, d'une façon générale, augmenté leur consommation de soins et plus spécifiquement de spécialistes, d'autant que, contrairement à d'autres pays, cet accès direct n'était jusque très récemment pas réglementé.

UNE BAISSE DE LA TOLÉRANCE ET UNE MEILLEURE CONNAISSANCE DES TRAITEMENTS

L'augmentation de la demande en psychiatrie doit donc être placée dans le contexte d'une augmentation générale de la demande de soins dont les explications sont multiples. L'une d'entre elles est certainement une meilleure connaissance des traitements et des recours, et l'autre une diminution de la tolérance à la souffrance et une augmentation de la tendance au consumérisme. La psychiatrie n'a pas échappé à cette tendance et, après une période durant laquelle le recours aux soins en psychiatrie était quelque chose de plutôt honteux et inquiétant, on a atteint une période où chacun aspire au bonheur et à la réalisation de soi. Une période de tristesse paraît maintenant inacceptable d'autant que tout le monde croit que certains médicaments n'ont pas d'effets secondaires et qu'ils sont prescrits facilement par un généraliste. Même si les maladies mentales les plus sévères restent stigmatisées, il devient possible de dire que l'on va voir un psychiatre et ceci d'autant que les psychiatres peuvent pratiquer des psychothérapies et que, par conséquent, leur clientèle est en fait assez variée.

LES ÉTAPES DE LA DEMANDE DE SOINS EN SANTÉ MENTALE

La demande de soins pour un problème de santé mentale est une demande complexe et plusieurs étapes doivent être franchies pour aboutir à une consultation auprès d'un « psy ».

La première consiste à admettre que ce que l'on ressent est anormal, pas forcément de par sa nature mais aussi en raison de son intensité. Déjà à cette étape, la perception du seuil de ce qui est anormal est très différente suivant les individus, les classes sociales, le niveau d'instruction et la culture. Ainsi, certaines personnes de milieu défavorisé estiment-elles que, étant donné leur situation, il est tout à fait normal de n'avoir de goût à rien, de mal dormir, d'avoir peu d'appétit, d'avoir des problèmes de concentration, de se sentir coupable et de penser souvent au suicide alors que d'autres appelleront dépression un passage à vide de quelques jours ou la tristesse qui suit l'annonce d'une mauvaise nouvelle.

Une fois que la personne estime que son état est anormal, il faut encore qu'elle considère que cet état peut se soigner. Or nous constatons que la majorité des personnes qui ne demandent pas d'aide pour des problèmes qui semblent pourtant suffisamment sévères pour les gêner dans leur vie quotidienne, pensent que ces problèmes passeront par eux-mêmes ou qu'elles sont capables de les gérer par elles-mêmes, sans l'aide de personne. Là encore, les sensibilités sont très différentes, entre ceux qui souhaitent contrôler leurs émotions et ceux qui pensent nécessaire d'en parler à un psy. Les connaissances sur les maladies mentales et leur traitement sont aussi très diverses, et on note dans les enquêtes que les personnes qui ont des troubles graves de l'anxiété considèrent généralement que cela passera tout seul ou qu'il n'existe pas de traitement adéquat.

Une fois que la personne admet qu'elle a un problème et que ce dernier peut se soigner, il faut encore qu'elle estime que c'est le système formel de soin – généralistes, psychiatres, psychologues – qui est à même de lui apporter un traitement efficace, mais elle peut décider aussi de se tourner vers un représentant d'un culte religieux ou une personne qui traite par d'autres méthodes : homéopathie, acupuncture, par exemple.

Ainsi, les étapes qui amènent vers le système de soins sont nombreuses et, à chacune d'entre elles, les caractéristiques de la personne qui fait la demande entrent en jeu. Ceci fait que n'entre en contact avec le système qu'une partie seulement des personnes qui souffrent de ces problèmes.

Enfin, les modalités de ce contact sont aussi très diverses : par l'intermédiaire du médecin généraliste ou directement dans le système de soin spécialisé. Ces modalités dépendent en partie de l'organisation du système de soins.

On comprend bien que tout changement dans la perception des problèmes de santé mentale, du seuil acceptable de souffrance psychique ou de déviation comportementale, influencera grandement la demande de soin sans pour autant signifier une augmentation de la fréquence des problèmes.

UNE DEMANDE EN PÉDOPSYCHIATRIE QUI S'EST LITTÉRALEMENT ENVOLÉE

Les parents ne veulent pas de « manque de chances » pour leurs enfants et devant un comportement un tant soit peu éloigné de la norme, elle-même souvent très subjective, l'école, la crèche, l'assistante maternelle ont vite fait de prononcer une parole qui inquiète le parent et l'amène à consulter, ne serait-ce que pour vérifier qu'il n'y a pas de problème et que son comportement de parent est adéquat.

Ces demandes multiples dépassent évidemment les capacités du système et les patients ou les familles se plaignent de délais d'attente de plusieurs mois, les conduisant parfois à utiliser les urgences pour entrer dans le système de soins.

LA PSYCHIATRIE, VOIE FINALE DE TOUS LES PROBLÈMES HUMAINS ?

Dans les faits, il semble que les urgences psychiatriques deviennent la voie finale commune de tous les problèmes psychosociaux qu'on ne sait plus où adresser.

La plupart des difficultés, ou comme on dit aujourd'hui des « crises », comportent un aspect psychologique ; par exemple un conflit conjugal bruyant, d'autant que l'alcoolisation augmente l'agressivité des uns et des autres, peut amener ses protagonistes aux urgences par l'intermédiaire de la police appelée par les voisins. Une fois les personnes arrivées à l'hôpital, la question se pose de leur orientation : chirurgicale, médicale ou autre. Si ces personnes ne présentent aucune blessure ni maladie, elles seront dirigées vers les urgences psychiatriques et devront être évaluées par un psychiatre. Nous ne disons pas qu'il faut laisser les personnes s'agresser mutuellement sans rien faire, mais que ce genre de situation n'est pas à proprement parler de la psychiatrie et encore moins de l'urgence psychiatrique.

Elle relève en amont de divers professionnels : conseillers conjugaux, médecins généralistes qui peuvent évoquer les problèmes d'alcool et de mésentente conjugale ou éventuellement intervenants sociaux si des questions de cet ordre se posent. Cependant, comme nous le verrons, cette organisation du système dit de première ligne est problématique dans notre pays, faisant peser sur le système spécialisé un poids exagéré qui l'empêche d'accomplir sa mission malgré des moyens conséquents.

D'OÙ UNE DIFFICULTÉ À TROUVER UNE PLACE EN CONSULTATION OU UN LIT POUR UNE HOSPITALISATION

Le système vit aujourd'hui une sorte de débordement en série : les consultations de psychiatrie qui ne devraient recevoir que des cas ayant besoin de soins psychiatriques reçoivent toute une série de demandes qui dépassent très largement son champ. En conséquence, il n'arrive plus à accomplir ses missions de traitement des maladies mentales.

Sur le terrain, une grande partie du temps des psychiatres de garde aux urgences se passe à chercher au téléphone un lit pour un patient au lieu de recevoir les patients. Finalement, les familles dont un membre doit être hospitalisé se retrouvent dans de grandes difficultés pour s'orienter dans le système de soin psychiatrique et y trouver une aide. Bien évidemment, tous ces phénomènes concourent à forger l'idée que les problèmes augmentent.

CHAPITRE 5

La dépression et les troubles de l'anxiété

La dépression

Un suivi sur quarante ans, en trois étapes – 1952, 1970 et 1992 –, des habitants d'une petite ville du Canada atlantique montre une stabilité des troubles dépressifs. Sur toutes ces années, les troubles dépressifs touchent 5 % de la population les douze derniers mois, soit deux fois moins que les troubles anxieux, eux aussi stables. Les femmes sont deux fois plus touchées que les hommes et le nombre de nouveaux cas par an est lui aussi très stable, oscillant entre 4,5 ‰ et 3,7 ‰.

Cette stabilité est remarquable car elle correspond à des changements sociaux très importants dans cette zone de Nouvelle-Écosse qui a subi de plein fouet la disparition des industries primaires, l'apparition des industries de service, l'arrivée des femmes sur le marché du travail, la mise au chômage des hommes et tous les bouleversements socioculturels dont la société a été témoin ces quarante dernières années.

En revanche, ce ne sont plus les mêmes personnes qui souffrent de ces problèmes. Depuis les années 1990, les femmes jeunes sont plus touchées que les plus âgées et, de manière générale, les jeunes rapportent plus facilement des problèmes de dépression que les moins jeunes.

Les mots utilisés dans l'enquête ont changé avec le temps. La dépression était conceptualisée comme une période de tristesse très profonde, accompagnée de troubles du sommeil et de l'appétit et d'une grande fatigue. Il n'était pas explicitement fait mention d'une dépréciation de soi-même ou de pensée suicidaire ainsi que de certains symptômes plus atypiques qui ont été décrits par la suite, comme le fait de trop dormir ou de trop manger. En 1952, la dépression, c'était des pensées tristes et peu d'informations sur l'humeur car il n'était pas acceptable de poser des questions sur des symptômes précis. Dans les années 1970 et 1990, on a osé poser aux enquêtés des questions plus directes comme « se sentir désespéré ou se sentir au plus bas » et « se demander si les choses valent encore la peine ».

On est ainsi passé d'une époque où il était gênant d'aborder les questions concernant la santé mentale et où il fallait utiliser des sortes de périphrases, à une époque où l'on parle très directement de dépression et de suicide. Paradoxalement, des personnes pouvaient rapporter des troubles très sévères avec des paroles qui semblent désormais banales et inversement, aujourd'hui, les termes sont tellement banalisés que souffrir de dépression peut recouvrir des états de tristesse passagère. Et ceci d'autant que l'usage des antidépresseurs s'est étendu, certains les utilisant comme dopant plus que comme traitement.

Les troubles anxieux

DES TROUBLES ANXIEUX DEUX FOIS PLUS FRÉQUENTS QUE LES TROUBLES DÉPRESSIFS

Toujours à partir de l'enquête canadienne, on observe que la prévalence de l'anxiété est restée stable : 8,4 % en 1952, 10,6 en 1970 et 10,9 en 1992. Cette prévalence, bien plus élevée que celle de la dépression, est restée deux fois plus importante chez les femmes que chez les hommes. Avec le temps, elle est devenue plus fréquente chez les femmes jeunes, et aussi plus chronique.

Si les changements de prévalence sont peu importants quantitativement, il n'en est pas de même de la vision qu'ont les personnes des troubles anxieux.

LES MOTS POUR LE DIRE

Au cours du temps, les termes employés pour nommer les troubles de l'anxiété ont tout aussi changé que la formulation de la dépression, par exemple les termes comme « être nerveux » ou « nervosité excessive » ou encore de « crises de nerfs » sont beaucoup moins employés ; on parle plutôt aujourd'hui d'anxiété, d'angoisses, de préoccupations.

Les limites entre la dépression et l'anxiété étaient aussi moins évidentes qu'aujourd'hui si tant est qu'elles le soient vraiment devenues avec les descriptions des différents troubles anxieux : phobies, attaques de panique, troubles obsessionnels compulsifs.

Dans cette étude, l'anxiété a une évolution différente de la dépression : l'anxiété précède la dépression et cette tendance a été retrouvée dans de nombreuses études. De plus, les hommes qui sont déprimés restent déprimés tandis que les femmes déprimées évoluent vers un état mixte anxiodépressif.

Les auteurs s'opposent à l'idée qu'on est passé de l'âge de l'anxiété qui a suivi la Seconde Guerre mondiale et la prééminence de la psychanalyse, à l'âge de la mélancolie et des médicaments, du moins au niveau des prévalences et de leur évolution avec le temps.

Par contre, il est évident que la dépression est devenue un sujet de préoccupation à la fois des médecins et du public, en partie à cause de la publicité faite aux antidépresseurs. Il est d'ailleurs intéressant de constater que les troubles dépressifs sont toujours cités comme les plus fréquents alors que toutes les études épidémiologiques ont montré que ce sont les troubles anxieux qui sont les plus fréquents.

Cette évolution apparaît dans l'enquête dont nous avons longuement parlé et qui comportait une partie ouverte dans laquelle les personnes étaient invitées à décrire par elles-mêmes leurs problèmes : en 1952 à peine 4 % de l'échantillon parlait d'emblée d'un problème de santé mentale et une seule personne prononçait le mot de dépression ; quarante ans après 9 % des personnes parlaient de problème de santé mentale et la dépression venait en second.

Si les taux de maladies n'ont pas changé, il est clair que les personnes sont aujourd'hui beaucoup plus tournées vers les symptômes psychologiques.

PLUS OU MOINS DE PHOBIES ?

La mesure de l'évolution des phobies dans le temps pose plus de problèmes que pour les autres troubles, à cause de la difficulté de leur définition et en particulier de la délimitation du seuil au-delà duquel on définit ce problème comme cliniquement significatif.

Il faut tenir compte de la différenciation des phobies en trois catégories :

1) Les phobies dites simples ou spécifiques qui englobent des peurs très diverses, allant de la peur des animaux, en particulier des serpents, qui est la peur la plus fréquemment rapportée par les femmes, à la peur des hauteurs, la plus fréquemment rapportée par les hommes, mais aussi celle des tempêtes, des orages ou de l'eau, à celle des injections et de la vue du sang que certains auteurs voudraient distinguer des précédentes. S'y ajoutent la « claustrophobie » ou peur d'être dans des endroits clos comme les ascenseurs, les avions ou les lieux fermés en général.

2) Les phobies sociales que plusieurs auteurs proposent de séparer en « peur de parler devant un public » largement la plus fréquente : 30 % des Américains, 15 % des Canadiens, 24 % des Suédois, et peur de situations dont le spectre est plus élargi : peur d'écrire ou de manger en public, peur de parler à des inconnus ou d'aller à des réunions, qui sont moins fréquentes mais qui semblent plus handicapantes que les précédentes.

3) L'agoraphobie, quant à elle, regroupe des peurs particulières de situations dans lesquelles il semble difficile de s'échapper ou de recevoir de l'aide, comme être dans une foule ou dans une boutique, faire la queue ou encore être seul loin de chez soi ou voyager (en train, bus ou

voiture), être sur un pont ou dans un tunnel. Le fait d'être accompagné permet d'affronter ces situations.

Cependant, l'agoraphobie est une catégorie qui se recoupe avec un autre problème : l'attaque de panique, caractérisée par la survenue brutale d'une très forte angoisse.

Les classifications de ces différentes catégories ayant varié ces dernières années, elles rendent difficile l'évaluation de leur évolution dans le temps.

LES « PEURS EXAGÉRÉES »

D'une manière générale, les « peurs exagérées » sont fréquentes en population générale et souvent associées entre elles.

Dans une enquête américaine, la moitié des personnes interrogées rapportaient avoir eu, au moins une fois dans leur vie, une peur qu'elles considéraient comme irraisonnée. Bien entendu, un cinquième seulement de ces personnes avaient des peurs qui correspondaient aux critères d'une phobie, en particulier celui d'un retentissement important sur leur vie courante.

Les peurs les plus fréquentes ne correspondent pas aux cas les plus sévères. Les phobies sont souvent associées entre elles ; trois personnes sur quatre rapportent plusieurs phobies. Enfin, les personnes qui ont des phobies ont aussi d'autres troubles anxieux : troubles phobiques d'autres catégories, mais aussi anxiété généralisée ou attaques de panique, et plus le nombre de phobies est élevé, plus cette relation est forte.

Ces phobies sont plus fréquentes chez les personnes dont les parents ont présenté des problèmes divers comme des troubles dépressifs, une anxiété généralisée, des problèmes de dépendance à l'alcool ou aux drogues, ou encore qui ont une personnalité dite antisociale ; cette relation est plus prononcée quand il s'agit de la mère que du père.

L'âge moyen de début des phobies est de 12 ans, et les chances de guérison spontanée sont bien plus élevées quand il s'agit d'une phobie unique.

LES PHOBIES SPÉCIFIQUES

Nous n'avons pas d'éléments épidémiologiques pour comparer l'évolution des thèmes de ces phobies.

On peut en effet se poser la question de l'influence de l'actualité, en particulier, par exemple, des articles qui sont parus dans la presse grand public sur l'effet des OGM, des pesticides, des maladies de certains animaux telles l'encéphalopathie bovine, la grippe aviaire, des radiations de Tchernobyl, de l'effet des ondes des téléphones portables, de la peur plus générale des attentats chimiques sur l'eau, l'air ou l'alimentation.

Voit-on se développer plus de phobies au fur et à mesure que des articles alarmistes sont publiés ou, au contraire, la plupart des personnes non phobiques se raisonnent-elles en pensant que la sécurité de la nourriture et de l'air qu'on respire n'a jamais été plus élevée ?

Les personnes qui ont des tendances phobiques intègrent-elles ces nouvelles peurs dans les peurs qui les habitent de la même manière que les thèmes des délires ont changé avec le temps ? C'est probable.

LA PHOBIE SOCIALE

La phobie sociale, marquée par une anxiété très importante lors de diverses situations sociales dans lesquelles la personne peut craindre d'être mal jugée, a été individualisée dans les classifications en 1980. Depuis cette date, les critères ont évolué, en particulier dans la prise en compte du degré de retentissement sur la vie des sujets.

L'augmentation est attribuée aux attitudes quant aux styles de communication plus ou moins réservés suivant les cultures : une étude française démontre l'importance de la définition des critères de cette phobie et de la classification à laquelle elle se rapporte puisque cela peut faire varier les prévalences de 1,9 à 7,3 % dans une même enquête.

Il semble donc que, si les enquêtes des années 1980 ont trouvé des taux plus bas que celles conduites dans les années 2000, l'augmentation soit plutôt en rapport avec ces modifications de critères, en particulier la prise en compte d'un retentissement plus ou moins sévère et l'élargissement des situations présentées.

L'âge de début de la phobie sociale est situé entre 12 et 16 ans ; certaines études sur des adolescents ont montré que les phobies sociales apparaissent quand les phobies plus infantiles qui correspondent aux phobies dites spécifiques disparaissent.

Les phobies qui atteignent un niveau de sévérité clinique sont beaucoup plus fréquentes dans le groupe de plus de 14 ans que dans celui de 12 ans. Chez les filles, elles concernent la peur de parler en public qui semble très invalidante, suivie en fréquence par la peur des hauteurs. Par contre, de nombreuses phobies n'atteignent pas ce niveau de sévérité, en particulier la phobie des insectes. On note surtout la tendance, dans tous les groupes, à passer d'un niveau sévère à un niveau moins sévère et d'un niveau moins sévère à un niveau léger. En somme, il semblerait que les peurs phobiques des adolescents soient fréquentes, mais que la grande majorité d'entre elles soient transitoires. Se pose alors la question de savoir si en fait il n'existe pas deux catégories de phobies suivant qu'elles sont de nature transitoire ou permanente.

On remarque que les prévalences sur la vie et sur un an sont très différentes, ce qui laisse à penser que ces phobies sont peut-être fluctuantes. Les phobies sociales apparaissent rarement après 25 ans et diminuent avec l'âge, soit que les personnes apprennent à les gérer avec l'expérience et la maturité qui les rendent moins sensibles au qu'en-dira-t-on, soit qu'elles aient adopté un mode de vie qui leur fait éviter les rencontres sociales. On remarque d'ailleurs que les personnes qui ont des phobies sociales sont plus souvent célibataires et sans emploi. La comorbidité avec les troubles dépressifs, d'autres troubles anxieux et des problèmes d'usage d'alcool et de drogues est bien documentée et il semble que la phobie soit le trouble qui apparaisse le premier.

Récemment on a proposé de faire la distinction entre deux types de phobies sociales : 1) une phobie qui correspond au fait de parler en public (en grand ou petit comité) ; 2) une phobie sociale plus généralisée qui correspond à différentes situations sociales : manger ou boire en public, parler à des personnes parce qu'on a peur de ne pas savoir quoi dire ou que ces personnes trouvent ce qu'on va dire bizarre, ou encore écrire quand quelqu'un vous regarde, utiliser les toilettes ailleurs que chez soi.

L'augmentation des phobies sociales ne concerne que le second type, qui semble plus invalidant que le premier, apparaît plus tôt dans la vie et est plus souvent accompagné d'autres problèmes. On note en effet que si les phobies sociales généralisées apparaissent dans l'adolescence, celles qui concernent le fait de parler en public apparaissent dans la période où les personnes sont confrontées au problème, c'est-à-dire de 17 à 25 ans environ.

Curieusement, aux États-Unis, ces phobies apparaissent chez les personnes les plus avantagées socialement : celles qui ont atteint les niveaux les plus élevés d'instruction sont de race blanche et mariées. Plusieurs hypothèses sont alors envisagées : par exemple la mobilité géographique devenue de plus en plus fréquente pour cette catégorie sociale aux États-Unis. Cette mobilité accrue augmenterait le besoin de créer des liens sociaux tout en ayant moins de repères culturels dans ces nouveaux environnements et la crainte d'un jugement négatif.

Enfin, on doit noter l'influence de la pathologie mentale des parents et celle de leur style éducatif : rejet, surprotection ou chaleur. La présence d'une dépression et d'une phobie sociale chez les parents est accompagnée d'un risque plus élevé, cependant qu'un style de rejet ou de surprotection, les deux pouvant être présents ensemble, a son effet propre même s'il est de moindre ampleur.

Pour conclure, il n'est pas impossible que dans certaines circonstances comme une mobilité géographique imposée, certaines personnes fragiles se trouvent plus à risque de phobies sociales et que dans la mesure où ces circonstances augmentent, la phobie sociale augmente.

TROUBLE PANIQUE ET AGORAPHOBIE

Avoir une crise d'angoisse est un phénomène relativement fréquent sans que cela corresponde au trouble panique qui correspond à une maladie : ce trouble implique un état d'anxiété tellement intense que souvent les personnes vont aux urgences car elles pensent qu'elles font une attaque cardiaque et qu'elles vont mourir ; quelqu'un qui a eu une attaque de panique s'en souvient toute sa vie d'autant que ce trouble se répète. Parfois les personnes qui en ont été victimes n'osent plus sortir de chez elles de peur que la crise ne revienne et qu'elles ne puissent trouver de l'aide ; elles souffrent alors d'une agoraphobie associée. Aussi les enquêtes distinguent-elles le trouble panique avec ou sans agoraphobie – soit en France environ 1 % des personnes sur une année (2 % sur la vie) – et l'agoraphobie sans trouble panique qui est plus rare – 0,5 % sur une année (1 % sur la vie).

Comme tous les troubles anxieux, le trouble panique est plus fréquent chez les femmes que chez les hommes et commence jeune alors que l'âge de début de l'agoraphobie est plus tardif.

Ces troubles ont une comorbidité élevée avec les troubles dépressifs et d'usage de substances ; il semble établi qu'ils surviennent en premier, se compliquent secondairement de troubles dépressifs et peuvent par automédication se compliquer aussi d'abus ou de dépendance à diverses substances.

CHAPITRE 6

Les troubles de l'alimentation, les troubles des conduites et les addictions

Les troubles de l'alimentation

PAS D'ÉPIDÉMIE

Si Hippocrate avait décrit les accès de boulimie dès l'Antiquité, ce n'est qu'au XVIe siècle qu'on précise le tableau de l'anorexie mentale et beaucoup plus tard, en 1879, qu'on trouve la première description de la boulimie nerveuse dans les écrits sur les maladies mentales, dont l'épidémiologie n'a commencé que bien plus tard.

Actuellement, les troubles de l'alimentation sont un chapitre des principales classifications des maladies mentales qui en précisent les critères : importance de la perte de poids, durée de l'aménorrhée, ou encore fréquence des accès de boulimie, des purges, sachant que ces critères sont relativement arbitraires et qu'il existe des cas limites exclus de la plupart des études épidémiologiques.

Une revue récente évalue à 0,5 % la prévalence de l'anorexie mentale et à 2 % celle de la boulimie dans les pays dits développés ; ces évaluations montrent donc que ces troubles sont relativement rares. Aucune étude ne montre une quelconque épidémie de troubles du comportement alimentaire même s'il semble que ces problèmes aient augmenté vers les années 1980.

UNE CLASSE SOCIALE PLUS TOUCHÉE ?

Tous ces troubles sont beaucoup plus fréquents chez les femmes que chez les hommes (dix fois plus). La relation entre les troubles alimentaires et la classe sociale a fait l'objet d'une controverse car on pensait au départ que ces troubles étaient plus fréquents dans les classes aisées.

Cette idée s'est révélée fausse quand on s'est aperçu par exemple que le personnel des écoles privées attribuait une excessive maigreur à l'anorexie alors que dans les classes de quartiers défavorisés, la même maigreur était attribuée à une mauvaise alimentation.

Par la suite, dans les années 1980, des méthodes tenant compte de ces erreurs n'ont trouvé, au Royaume-Uni, aucune différence entre les classes sociales quant à la prévalence des troubles de l'alimentation, tandis que des études conduites aux États-Unis ont montré un excès de troubles de type boulimique dans les classes sociales les plus défavorisées, et la même association à un degré moindre pour l'anorexie.

FAIRE UN RÉGIME EST-IL UN FACTEUR DE RISQUE ?

Une population d'étudiants a été suivie aux États-Unis pendant quatre ans sur le rapport poids/taille, sur le pli cutané (c'est-à-dire la taille du pli de la peau du ventre mesuré par une sorte de pied à coulisse et qui est un indicateur facile de la quantité de graisse) et sur la tendance à faire un régime.

Les résultats sont très instructifs : 20 % des filles présentaient un surpoids, mais 50 % se trouvaient trop grosses. Avec le temps, le pourcentage de filles présentant un surpoids est resté constant, mais le nombre de filles qui se considéraient comme trop grosses a encore augmenté. Contrairement aux attentes, on trouvait moins de filles au régime après quatre ans qu'au début du suivi. Les filles blanches et asiatiques se trouvaient plus souvent grosses que les Afro-Américaines. Les garçons, par contre, avaient tendance à se trouver trop maigres et pratiquement aucun d'entre eux ne suivait de régime. Le nombre de garçons qui se sentaient trop gros était inférieur à ceux qui étaient en surpoids. Tous les garçons se trouvaient trop petits et deux fois plus de garçons afro-américains se sentaient trop maigres par rapport à ceux des autres races. Ces résultats ont été retrouvés dans d'autres études, y compris en Suède.

Deux autres études conduites aux États-Unis sur des échantillons très importants ont confirmé que les garçons avaient tendance à perdre du poids pendant l'adolescence alors que les filles en gagnaient et que ces dernières avaient tendance à être plus grasses. Par contre, l'appartenance à une classe sociale et le niveau d'instruction des parents jouent un rôle essentiel dans l'évolution du poids de ces adolescents. Les adolescents des milieux aisés sont plutôt plus gras au début de leur adolescence et plus maigres à la sortie de l'adolescence, alors que cette tendance s'inverse dans les milieux plus défavorisés.

LE DÉSIR D'ÊTRE MINCE EN MILIEU AISÉ

Le désir d'être mince est d'autant plus fort que l'adolescente vient d'un milieu aisé.

Cette constatation est identique dans l'enquête sur les étudiantes américaines et dans une étude conduite dans des écoles londoniennes. Les filles des classes sociales aisées souhaitent plus être minces que les autres, et ce sont les filles de race blanche qui sont les plus concernées par leur poids quand on les compare aux filles d'origine africaine. Les filles d'origine asiatique (Inde et Pakistan) sont à des niveaux intermédiaires. Ce désir de minceur peut être présent chez des filles dès 11 ans faisant penser que, si les soucis concernant le poids et la minceur n'ont probablement pas bougé depuis vingt-cinq ans, ils se font jour plus tôt. On note aussi que la tendance à rechercher de l'aide médicale pour des troubles des conduites alimentaires est plus élevée dans les milieux favorisés.

LE RÔLE DE LA PROFESSION

Les études des comportements alimentaires des jockeys et des lutteurs montrent une très grande fréquence de comportements alimentaires anormaux comme le jeûne ou les purges, mais on ne dispose pas d'études de suivi pour savoir comment ces sportifs réagissent quand ils n'ont plus besoin de surveiller leur poids.

Les ballerines ont aussi été étudiées quant à la présence des troubles alimentaires ; un suivi de cent ballerines de l'école de ballet londonienne a montré au premier examen une prévalence très élevée d'anorexie mentale (cas avérés et limites), mais tous ces cas s'étaient normalisés au second passage, probablement en raison de la pression de l'école sur ces élèves. Une autre étude conduite sur une école de ballet de Toronto a conclu à des taux d'anorexie confirmée ou limite assez élevés. Une comparaison d'élèves danseurs et mannequins avec des étudiants tout-venant et des étudiants en musique montre des prévalences respectives de 6 et 3,5 % dans les premières catégories alors qu'on ne trouve aucun cas dans les deux autres, elle souligne de ce fait l'influence des milieux où la culture de la minceur est très importante.

Évidemment, l'étude ne peut trancher entre l'attirance pour ces professions des personnes qui ont des troubles alimentaires et l'influence du milieu sur des personnes fragiles ; les deux explications n'étant, comme souvent, pas incompatibles et pouvant se renforcer.

DES TROUBLES JUSQUE TRÈS RÉCEMMENT QUASI ABSENTS DANS LES PAYS ASIATIQUES ET AFRICAINS

Les troubles du comportement alimentaire et plus spécialement l'anorexie mentale semblaient être absents ou extrêmement rares dans les pays asiatiques. Qui plus est, dans ces cultures, l'anorexie mentale ne correspondait pas à un désir de minceur, mais correspondait à d'autres motivations.

Cependant, au fur et à mesure de l'européanisation de ces pays, il semble que ces troubles aient augmenté, et on voit apparaître des articles en provenance de Chine et de Hong Kong sur l'augmentation subite de l'anorexie mentale dans ces pays, qui pourrait être liée à un désir d'être mince.

Des troubles de l'alimentation anorexie et boulimie ont aussi été décrits à Harare au Zimbabwe, où ils seraient relativement fréquents dans les collèges, plus fréquents chez les élèves de race blanche, moins chez les Africaines et intermédiaires chez les élèves issues de mariages mixtes.

D'une façon générale, on peut donc conclure que les troubles de l'alimentation sont peu fréquents et se sont stabilisés dans notre culture. Par contre, ils commencent à se généraliser dans des autres pays parallèlement à la tendance à faire des régimes pour être mince.

Les troubles des conduites

LES TROUBLES NON VIOLENTS CHEZ LES ADOLESCENTS : UNE AUGMENTATION MODÉRÉE

Des données collectées sur le territoire du Royaume-Uni à trois reprises permettent de suivre l'évolution des troubles des conduites chez les adolescents : ces trois enquêtes ont utilisé une méthode d'évaluation des troubles basée sur le questionnement des parents, leur permettant de décrire, sur une échelle de 1 à 3, des troubles des conduites dits agressifs (se battre ou molester les autres enfants) et non agressifs (voler, mentir ou désobéir). Étaient aussi évalués l'hyperactivité (être remuant, inattentif et agité) et les troubles anxiodépressifs (comme la peur des situations nouvelles, l'anxiété et le fait de se sentir malheureux). À noter qu'il ne s'agit pas à proprement parler de troubles psychiatriques correspondant à une classification, mais d'une intensité de ces comportements. Des informations détaillées sur la situation économique et maritale des parents étaient aussi colligées, ainsi que leur appartenance à un groupe ethnique.

Les conclusions des auteurs sont claires : les problèmes de conduite ont augmenté chez les adolescents entre 1974 et 1999. Cette augmentation concerne les garçons et les filles, tous les milieux sociaux et toutes les compositions familiales, avec un effet marginal dans les familles monoparentales. Enfin, elle concerne les familles quelle que soit leur origine ethnique.

Ce sont cependant les troubles non agressifs qui ont le plus augmenté, les troubles dits agressifs n'ayant, quant à eux, augmenté qu'incidemment et seulement chez les garçons. En d'autres termes, les adolescents de 1999 mentent, désobéissent et volent plus souvent que ceux de 1974 ou, plus exactement, les parents qui rapportent ces comportements sont plus nombreux, mais ils ne sont pas plus violents.

Les troubles de type hyperactif ont peu varié : ils ont légèrement diminué chez les garçons de 1974 à 1986 et semblent avoir un peu augmenté entre 1986 et 1999, tandis qu'on ne trouve pas de variations chez les filles.

Enfin, les troubles de type anxiodépressifs n'ont pas bougé entre 1974 et 1986 et semblent avoir augmenté entre 1986 et 1999.

Les trois types de troubles sont présents en partie chez les mêmes enfants et ce d'une manière constante dans les trois études.

À l'opposé, les troubles des conduites des enfants américains de 7 à 16 ans n'ont pratiquement pas évolué entre 1976 et 1999. Cette constatation se base sur trois études conduites auprès d'un échantillon de parents ayant des enfants dans les classes d'âge correspondantes en 1976, 1989 et 1999 et a utilisé un instrument permettant de recueillir des informations sur une centaine de symptômes pouvant être transformés en diagnostic psychiatrique ainsi que sur des traits positifs.

Les échelles évaluant les compétences des enfants montrent une diminution de 1976 à 1989 et une augmentation de 1989 à 1999, tandis que les échelles qui mesurent les problèmes montrent une tendance inverse, c'est-à-dire qu'ils augmentent de 1976 à 1986 pour diminuer dans la période suivante. Plus spécifiquement, le pourcentage d'enfants présentant des problèmes de conduite a nettement baissé de 9,2 en 1989 à 6,8 en 1999.

Le pourcentage d'enfants en contact avec les services de santé mentale est resté identique tant parmi la population totale des enfants que parmi celle des enfants qui présentaient des problèmes.

Une des explications données aux divergences entre les deux études serait que les études britanniques ne relèveraient que les cas les plus sévères tandis que les études américaines comparent des moyennes dans des populations. Dans ce cas, on mélangerait en quelque sorte les enfants qui vont beaucoup mieux avec ceux qui vont moins bien puisque les uns compenseraient pour les autres. De fait, en regardant leurs résultats, les chercheurs américains s'aperçoivent que la dispersion des résultats est plus large dans les années les plus récentes que dans les années antérieures, ce qui tendrait à prouver que les inégalités s'accentuent, mais que globalement le niveau reste le même.

Incidemment, l'enquête américaine s'étant déroulée durant l'année 1999 tristement célèbre en raison des événements tragiques de Columbine, elle montre que cet événement n'a pas eu d'incidence sur la manière dont les parents ont rapporté les troubles de leurs enfants.

LES TROUBLES À L'ADOLESCENCE : UN PRÉDICTEUR DE DIFFICULTÉS À L'ÂGE ADULTE, MAIS PAS FORCÉMENT DE TROUBLES DE DÉLINQUANCE

On pourrait penser que l'augmentation de troubles des conduites dits « non agressifs » trouvée dans l'étude britannique ne porte pas à conséquence, mais on constate au contraire que ces troubles sont liés au devenir des adolescents : ainsi le fait d'avoir un de ces problèmes multiplie par quatre les risques d'avoir des problèmes d'adaptation au travail ou à une vie familiale et de présenter plus tard des problèmes de santé mentale y compris des problèmes d'alcool. Qui plus est, ce risque semble avoir augmenté dans la cohorte la plus récente.

Le fait d'avoir eu un trouble des conduites à l'adolescence augmente aussi les risques d'avoir commis des délits ou avoir été arrêté par la police dans une des deux cohortes.

Il y a donc bien une relation statistique, mais dans les faits cela signifie que la plupart des personnes arrêtées par la police et condamnées n'étaient pas des adolescents difficiles puisque les difficiles ne sont que 10 % de la population et les non-difficiles 90 %. De plus, deux tiers, soit la majorité des adolescents difficiles n'ont pas eu de problèmes avec la police ni été condamnés une fois adultes.

C'est toute la différence entre des résultats statistiques et les projections dans ce qui est observé. On peut donc dire qu'incontestablement le fait d'être un adolescent difficile, du moins perçu comme tel par ses parents, correspond à une augmentation du risque d'avoir des troubles de la conduite une fois adulte, mais que de nombreux éléments interviennent dans ce processus qui ne sont pas évalués dans cette étude.

Outre les problèmes avec la police, les auteurs de cette étude ont observé l'adaptation de ces adolescents dans leur vie adulte : adaptation au travail (être sans emploi, avoir été renvoyé), à la vie conjugale (avoir eu plus de trois mariages ou cohabitation à l'âge de 30 ans), le fait d'être enceinte très jeune, de vivre de l'aide sociale, d'être sans abri, d'avoir des problèmes d'alcool et de tabac, une mauvaise santé et d'avoir demandé de l'aide pour un problème de santé mentale. Là encore le fait d'avoir été considéré comme un adolescent ayant des problèmes de conduite est un risque pour toutes ces situations, en particulier le chômage et le fait de vivre de l'aide sociale, d'avoir une grossesse avant 20 ans et des problèmes de tabac. Ces relations sont trouvées dans les deux cohortes ; le risque d'être sans abri étant plus élevé dans la cohorte la plus récente.

Pour les auteurs, les raisons de ces augmentations sont à trouver dans les modifications de la structure familiale : augmentation des familles monoparentales, des divorces, des familles recomposées et des familles dans lesquelles les deux parents travaillent et doivent en conséquence faire garder leurs enfants ; changements qui peuvent modifier les relations parentales.

Les facteurs sociaux sont aussi mis en cause. Même si, dans l'ensemble, le niveau économique s'est considérablement amélioré, des inégalités se sont creusées rendant les plus défavorisés plus vulnérables.

Les styles de vie des adolescents ont aussi beaucoup évolué. La période de l'adolescence s'est allongée, des drogues sont devenues plus disponibles, et ils bénéficient d'une plus grande autonomie et d'une plus grande liberté sexuelle tandis que les pressions scolaires se sont accentuées.

Enfin, il est possible que tous ces effets s'accumulent et aient un effet boule de neige qui fasse que l'augmentation même modérée d'un risque entraîne des conséquences importantes sur les autres.

Finalement, l'étude montre que les enfants qui ont été perçus comme problématiques par leurs parents ont plus de difficultés dans la vie adulte, qu'il s'agisse de l'emploi, de la construction d'une famille, ou encore des problèmes de santé mentale, ces problèmes étant d'ailleurs corrélés entre eux.

Que les parents remarquent plus les problèmes de comportement est cohérent avec les études faites en milieu scolaire, et cela ne nous étonne pas. Par contre, l'interprétation des liens entre ces remarques et les problèmes une fois les enfants devenus adultes est évidemment plus complexe.

Des cohortes d'enfants ont été suivies sur de longues périodes dans divers pays : Nouvelle-Zélande, Hollande et États-Unis. Toutes ces études montrent que si les enfants qui présentent des troubles des conduites sont plus à risque que les autres d'en présenter une fois parvenus à l'âge adulte, ce risque reste partiel et que les trajectoires de ces enfants sont en fait très diversifiées. Les risques ne sont pas les mêmes suivant qu'il s'agit d'attitudes de défiance vis-à-vis de l'autorité, de troubles des conduites non violentes comme des vols, ou de comportements agressifs vis-à-vis d'autres enfants, d'animaux ou d'adultes, ces derniers étant plus prédictifs des troubles des conduites une fois adulte. Cependant cette relation est modulée par la présence ou l'absence concomitante de troubles de l'attention, et il semblerait que seuls les enfants qui présentent à la fois des comportements violents et des troubles de l'attention aient un risque plus élevé d'être des adultes violents.

Quoi qu'il en soit, si la plupart des adultes délinquants ont eu des troubles du comportement quand ils étaient plus jeunes, l'inverse n'est pas constaté et de nombreux enfants et adolescents qui ont présenté des troubles des conduites, deviennent des adultes normaux ou du moins ne sont pas violents ou asociaux.

Il est d'ailleurs intéressant de constater que dans tous les pays les troubles des conduites commencent vers 14 ans, culminent vers 19-20 ans et commencent ensuite à décroître pour se raréfier après 30 ans. Ainsi, la délinquance est-elle le fait des personnes jeunes, et la question est plus de savoir pourquoi certains ne sortent pas des actes antisociaux tandis que d'autres en sortent.

Cette vision a des conséquences sur la gestion des troubles des conduites des adolescents puisqu'il s'agit d'éviter que le jeune reste dans le parcours de la délinquance.

On note au passage qu'on ne peut pas suivre l'évolution des troubles des conduites à partir des statistiques des jeunes qui ont été arrêtés par la police ou condamnés par la justice. En effet, la proportion de jeunes arrêtés par rapport à celle de ceux qui ont commis un délit est très variable suivant les pays et, dans un même pays, suivant la période et les directives données à cet endroit.

De plus, si les troubles de conduites sont présents dans toutes les classes sociales et quelle que soit l'origine ethnique des personnes, la tendance à être repéré, puis arrêté et condamné ne l'est absolument pas, comme le montrent certaines enquêtes aux États-Unis, ce qui fait qu'en bout de course on trouve beaucoup plus de personnes appartenant à des minorités dans les prisons, même si la remarque ci-dessus n'explique par entièrement ces différences.

Enfin, la définition des actes délinquants et leur nature même varient avec l'âge, et on passe d'actes antisociaux considérés comme non criminels à des actes qui le deviennent au fur et à mesure des moyens que l'enfant, l'adolescent, puis l'adulte ont à leur disposition, mais il y a probablement un continuum. Cependant, en ce qui concerne les statistiques judiciaires, on ne peut trouver de données qu'à partir du moment où les actes sont « criminalisés », or la tolérance à la délinquance juvénile et son traitement judiciaire varient suivant les lieux, les époques ainsi que les directives politiques.

Les addictions

LES TROUBLES DE L'USAGE DE L'ALCOOL

L'alcool : la substance la plus consommée, mais une consommation en baisse

En France, l'alcool reste la substance psychoactive la plus consommée et précocement expérimentée ; elle a cependant considérablement diminué. Cette baisse est particulièrement due à une diminution de la consommation de vin de près de 40 % en vingt ans.

La mesure de cette évolution sur ces vingt dernières années est disponible sur le site de l'OMS Europe et permet de constater une diminution prononcée pour la plupart des pays d'Europe dont la France, passée du premier rang des pays de l'Europe des Quinze, au troisième rang.

En fait, si la diminution a été générale en Europe du Sud, il n'en a pas été de même en Europe du Nord, et trois pays ont vu leur consommation augmenter : le Luxembourg, l'Irlande et la Finlande. Cette remarque permet d'ailleurs de souligner qu'il s'agit, surtout pour les deux premiers, de pays ayant connu un boom économique très important durant ces mêmes années.

L'interprétation de cette augmentation est complexe, mais fait intervenir, outre une disponibilité accrue d'argent pour acheter l'alcool, une perte des valeurs traditionnelles dans un pays comme l'Irlande de tradition catholique. On constate aussi dans ces trois pays une évolution parallèle du suicide, qui augmente alors qu'il diminue dans les autres pays où la consommation d'alcool a baissé.

Moins de décès

On est passé en France de 160 à 85 pour 100 000 décès par an attribués à l'alcool. Cette baisse est attribuable, outre la baisse de consommation, aux faits que les alcools consommés sont moins toxiques et les soins plus accessibles. Si ce taux comptabilise non seulement des décès par cirrhose du foie mais aussi de certains cancers digestifs, des pancréatites et plus généralement des maladies dans lesquelles l'alcool joue un rôle important, les décès dus à l'alcool restent sous-estimés. En effet, ils ne tiennent pas compte des décès dus à des blessures, qu'elles soient intentionnelles ou non, dont la moitié sont attribuables à l'alcool, qu'il s'agisse d'accidents de voiture, des suites de violence ou d'accidents divers, auxquels s'ajoute la violence domestique, dont les femmes et les enfants sont les premières victimes.

On doit aussi ajouter que la consommation d'alcool n'est souvent pas isolée et s'accompagne d'une consommation de tabac et de drogues illicites.

Une consommation toujours plus masculine

L'étude de la consommation globale d'alcool ne renseigne pas sur les caractéristiques des utilisateurs ; ces dernières peuvent être précisées lors d'enquêtes épidémiologiques.

Dans ces enquêtes, on distingue :

1) Les problèmes d'abus qui sont en fait les conséquences sociales d'un usage nocif d'alcool tel qu'un manque répété de gestion de ses obligations au travail, à l'école, en tant que parent ou ménagère ; un usage répété d'alcool dans des circonstances dangereuses comme conduire ou utiliser une machine ; un usage répété alors que la personne a déjà eu des problèmes légaux à cause de cet usage ; ou enfin un usage qui se perpétue alors que la personne a des problèmes dans son travail ou dans son couple ou encore des problèmes de violence exacerbés par l'alcool.

2) Les problèmes de dépendance, qu'il s'agisse d'une tolérance marquée, c'est-à-dire d'une augmentation de la quantité nécessaire pour obtenir les mêmes effets, ou de symptômes physiques dès que la consommation diminue. Ce peut être aussi le fait de boire beaucoup plus qu'on voudrait ou d'y passer beaucoup de temps et, d'une façon générale, de ne pas pouvoir diminuer ou arrêter cette consommation alors qu'on le souhaiterait.

Dans tous les pays, les hommes ont des taux plus élevés que les femmes ; les variations en fonction de l'âge sont par contre très dispersées, sauf en ce qui concerne les abus, plus fréquents chez les jeunes sans qu'on puisse savoir si c'est une période de leur vie ou une réelle psychopathologie qui s'installe. Dans tous les pays, les taux sont moins élevés chez les personnes mariées ou qui vivent en couple.

En général, les problèmes sont plus fréquents en milieu rural.

Il n'existe pas vraiment de corrélation entre la quantité d'alcool pur ramenée par personne et le pourcentage de personnes qui ont des problèmes avec l'alcool. Par contre, quand on utilise un indicateur qui tient compte des consommations à risque *versus* une alcoolisation régulière, on trouve une corrélation entre les taux de problèmes avec l'alcool et les modalités les plus à risque. En effet, la façon de boire est différente suivant les pays : dans les pays du Nord, les personnes boivent dans certaines occasions (en fin de semaine, pour des fêtes) de très grandes quantités, alors que dans les pays du Sud, dont la France, les personnes boivent de façon régulière tous les jours. Les effets de ces modalités sont très différents sur les conséquences sociales : accidents, homicides, et sur les conséquences sanitaires de la consommation d'alcool : cirrhose.

Conditions de vie et désinsertion

Dans notre pays, la mortalité reste très différente suivant les classes sociales : ces inégalités sanitaires ont été soulignées par de nombreux rapports, or la cause de ces inégalités est en grande partie une surconsommation d'alcool et de tabac des classes sociales les moins favorisées, qui semblent, de plus, les moins sensibles aux campagnes de prévention.

Une étude menée à Paris sur un échantillon représentatif de personnes bénéficiant du RMI et de personnes sans abri a montré un net excès de problèmes avec l'alcool des Rmistes. Pour ce qui est des personnes sans abri, les problèmes d'alcool y étaient certes plus fréquents que dans la population générale, mais moins fréquents que le cliché du clochard ivre que l'on voit à Paris sous les ponts ou sur les bouches de métro pourrait le laisser supposer.

En fait, quand on compare différents niveaux de marginalisation, ce sont les personnes qui ont des problèmes d'alcool qui vivent dans le degré le plus élevé de la marginalisation, à savoir ceux qui dorment plus de cinq nuits pas semaine dans la rue alors que, par exemple, les troubles psychotiques sont également présents aux différents niveaux de marginalisation : foyers de réinsertion, foyers d'urgence, vie dans la rue.

Les hommes ont plus de problèmes d'alcool que les femmes, les Français que les étrangers. Le fait d'avoir un problème d'alcool rend la réinsertion très difficile et les personnes sans abri qui souffrent de ces problèmes restent dans cette situation beaucoup plus longtemps que les autres, malgré les aides qui peuvent être proposées.

La diminution

Au total, la consommation d'alcool a globalement diminué ces dernières années ; la consommation pathologique ne semble pas avoir augmenté bien que nous ne disposions pas d'enquêtes françaises permettant réellement de suivre le phénomène puisque la plupart des enquêtes mesurent des consommations ou des comportements d'excès sans que l'on puisse en inférer un diagnostic de trouble de l'usage de l'alcool.

Qui plus est, les enquêtes montrent une grande différence de sensibilité aux questions, qui correspondent au vécu personnel vis-à-vis de l'alcool (culpabilité, impression de boire trop et désir de diminuer) ainsi qu'aux réactions de l'entourage, plus prompt qu'avant à trouver que l'on boit trop, rendant difficiles les comparaisons dans le temps.

Les jeunes et l'alcool

• *Les jeunes Français : moins fréquemment ivres que les jeunes Européens et une évolution à la baisse entre 1992 et 2002*

La survenue d'une ivresse plus de trois fois durant le mois écoulé est rapportée par 16 % des Français qui consomment de l'alcool, ce qui les place plutôt dans le groupe bas des pays européens avec la Lituanie, la Grèce, le Portugal et la Roumanie. À l'opposé, on trouve des pourcentages bien plus élevés de buveurs ayant présenté de telles ivresses en Pologne, en Irlande et au Royaume-Uni ainsi que dans la plupart des pays scandinaves.

L'enquête HBSC (jeunes scolarisés de 11 à 15 ans dans les différents pays d'Europe) permet aussi d'étudier les tendances. De 1992 à 2002, on note une tendance à la baisse des comportements de consommation d'alcool, à la fois pour la consommation de bière, d'alcools forts et pour la survenue d'une ivresse. La France reste dans les pays les moins élevés pour tous ces indicateurs.

• *Un clivage important ville/campagne et selon les régions*

Cependant, la France est un pays composite : le fait de vivre dans une grande ville diminue la prise d'alcool par trois par rapport au fait de vivre dans un autre contexte.

Une étude basée sur les données recueillies lors de la journée d'appel de préparation à la défense (enquête Escapad) montre que l'usage régulier d'alcool chez les 17 ans se révèle plus répandu sur la façade atlantique du pays : de la Bretagne à l'Aquitaine ainsi qu'en Limousin, Auvergne et Rhône-Alpes. C'est dans la région Pays de la Loire que l'on consomme le plus d'alcool et de loin : on y trouve 20 % de buveurs occasionnels sur une moyenne nationale de 13 %. À noter que trois régions ont des taux inférieurs à la moyenne : l'Île-de-France, le Nord-Pas-de-Calais et la Picardie.

L'usage quotidien est beaucoup plus rare ; on constate aussi que la répartition régionale des consommations quotidiennes ne reflète pas les consommations à problème.

Les ivresses concernent un garçon sur deux et une fille sur trois sur une année, cependant seuls 7 % des jeunes déclarent des ivresses fréquentes. Par contre, ces derniers sont plus nombreux sur la façade atlantique, en particulier la Bretagne, l'Aquitaine et les Pays de la Loire.

Dans tous les cas, la consommation des filles est inférieure à celle des garçons et ce pour tous les indicateurs.

Contrairement à ce qui est rapporté dans l'enquête citée plus haut, l'enquête Escapad semble montrer une augmentation de l'usage régulier défini comme la prise d'alcool dix fois ou plus le mois écoulé. On note que l'enquête Escapad concerne des jeunes tout milieu confondu tandis que l'enquête européenne HBSC concerne des sujets plus jeunes en milieu scolaire ; de plus, les questions posées et les indicateurs ne sont pas identiques, ce qui rend les comparaisons difficiles.

• *L'usage d'alcool et la scolarité*

L'usage d'alcool est élevé dans les grandes écoles et les universités. La prise d'alcool dans les collèges et les universités, en particulier sur les campus américains, est considérée comme un problème de santé publique. Le fait d'avoir quitté ses parents, de vivre en communauté et d'avoir accès à des festivités fréquentes, y compris des événements sportifs, ainsi que l'appartenance à des associations d'élèves (les « fraternités ») sont des facteurs qui exacerbent les tendances à une alcoolisation excessive et les étudiants des campus ont des taux plus élevés que les non-étudiants. Fort heureusement, la plupart de ces comportements disparaissent à l'entrée dans la vie adulte. Cependant, un suivi à six ans après l'université montre que 17 % des étudiants continuent à avoir des problèmes d'alcool qui ont en fait commencé à l'université.

Des études régulières sur la population des collèges sont menées à intervalle régulier aux États-Unis à travers tout le pays et montrent une stabilité du phénomène de 1993 à 1999.

Dans ces études, 44 % des étudiants ont eu une consommation excessive au moins une fois dans les deux semaines précédant l'enquête, et sur certains campus le pourcentage atteint 70 %, tandis qu'un pourcentage élevé (87 %) des étudiants se plaignait des comportements desdits buveurs.

Les buveurs excessifs disent utiliser ce moyen pour faire face au stress et ces étudiants présentent plus que les autres des problèmes de personnalité, en particulier une impulsivité ainsi que des traits dépressifs.

En France, on manque d'information sur les étudiants ; par contre, la population des lycées et collèges a été mieux étudiée.

Une enquête conduite en France auprès des jeunes de 17 ans montrait que les jeunes qui consomment régulièrement de l'alcool sont plus souvent dans les lycées professionnels ou polyvalents que dans les lycées d'enseignement général ou technique. Par ailleurs, les jeunes qui boivent régulièrement sont plutôt les mauvais élèves que les bons ou les moyens, ceux qui n'aiment pas l'école et sont souvent absents, ceux qui sortent souvent et ceux qui pratiquent intensivement un sport, en particulier la pratique des sports dits de groupe qui offrent souvent l'occasion de boire de l'alcool.

Les jeunes qui ont des tendances dépressives ont déjà tenté de se suicider ou ont fait des fugues sont plus fréquemment consommateurs. Ceux qui ne sont pas satisfaits de leurs relations avec leurs parents, leur père ou leur mère et ceux qui ont des comportements violents sont également plus consommateurs.

Par contre, une autre étude montre que les enfants de parents séparés consomment moins d'alcool que les autres. Ceci a été expliqué par le fait qu'ils sont souvent confiés à la garde de leur mère et par conséquent moins exposés à l'alcool.

Nous n'avons pas d'études sur les grandes écoles ni sur les universités et campus français.

On sait que certaines écoles, en particulier les écoles de commerce, mais aussi les écoles d'ingénieur ont une tradition de festivités largement arrosées et très fréquentes dans lesquelles les boissons souvent gratuites sont proposées aux jeunes en quantité illimitée.

Les traditions des écoles de médecine, d'architecture poussent aussi à faire des fêtes bien arrosées sans qu'on puisse mesurer l'ampleur du phénomène ni son incidence sur les comportements futurs des étudiants une fois dans la vie active.

QU'EN EST-IL DE L'ÉVOLUTION DES TOXICOMANIES ?

Le cannabis, le produit illicite le plus consommé en France

Près de 11 millions de Français l'ont expérimenté une fois dans leur vie, mais seule une minorité en consomme régulièrement, soit 850 000 personnes.

Cependant, cette consommation concerne certains âges de la vie et se concentre sur la population adolescente. Ainsi, un tiers des adolescents de 17-18 ans (26 % des filles et 38 % des garçons) déclarent avoir consommé du cannabis. Ces consommations ont lieu principalement le week-end et s'accompagnent de consommation d'alcool et/ou de tabac.

En France, l'expérimentation a connu une hausse importante de 1993 à 2002 et les taux ont été multipliés par deux tant pour l'expérimentation que pour l'usage régulier, pour tous les groupes d'âge.

Il semble cependant qu'une inversion de tendance soit en train de se produire et que la consommation qui a montré une grosse augmentation dans la décennie 1990 soit en train de diminuer.

La consommation de cannabis en France est parmi les plus élevées d'Europe : elle est à la cinquième place pour l'expérimentation et à la première place pour les jeunes de 15-16 ans ayant consommé du cannabis au cours du dernier mois.

Dans la population adulte, l'usage est beaucoup plus rare surtout au-delà de 45 ans et il concerne les hommes. La tendance à la hausse y est cependant retrouvée.

Les chômeurs sont plus consommateurs que les actifs et parmi les actifs ce sont les artisans et employés qui consomment le plus et les ouvriers le moins. Enfin, les étudiants consomment plus que les jeunes de leur âge non-étudiants.

Malgré quelques spécificités régionales, le cannabis est largement diffusé sur le territoire métropolitain.

Des différences régionales importantes : Bretagne et pourtour méditerranéen en tête

C'est en Bretagne et sur le pourtour méditerranéen (PACA surtout) que l'usage semble le plus répandu et, à l'opposé, en Nord-Pas-de-Calais, Picardie, Île-de-France, Centre et Auvergne qu'il l'est le moins.

L'usage problématique et les effets négatifs

À côté de l'usage régulier dont le seuil a été fixé à 10 épisodes de consommation durant le dernier mois, on définit l'usage dit problématique comme le fait de fumer seul ou avant midi. Cet usage concerne 9 % des filles et 18 % des garçons de 17-18 ans, soit une moyenne de 14 %. L'usage de cannabis s'accompagne fréquemment de pertes de mémoire durant les périodes de consommation qui surviennent chez trois expérimentateurs sur dix ; ce problème, s'il est plus fréquent chez les utilisateurs intensifs, peut survenir chez tous les utilisateurs.

En plus des pertes de mémoire, un usage répété de cannabis semble lié à une scolarité difficile. Ces usagers ont aussi plus souvent utilisé des soins de psychologie et/ou de psychiatrie et sont plutôt de milieu aisé. Les intervenants ont un terme pour désigner les effets du cannabis sur les jeunes qu'ils rencontrent. Ils parlent de « syndrome amotivationnel » qui recouvre une sorte de mise à distance de tous les enjeux de l'adolescence : scolarité, examen et projection dans un futur métier.

Dans l'usage nocif, la fragilité personnelle antérieure précède et se conjugue aux effets du cannabis.

L'usage nocif du cannabis comme celui des autres drogues pose en fait le problème de la fragilité personnelle antérieure et de l'effet propre de la drogue.

Les études sur la consommation de drogues ont en effet établi très clairement que la plupart des personnes qui présentaient des problèmes avec les drogues avaient en même temps des problèmes de santé mentale sévères.

La séquence a pu être précisée et il semble que la plupart du temps le problème ait précédé la toxicomanie : les personnes souffrent de problèmes d'anxiété, par exemple de phobie sociale, ou ont des attaques de panique et tentent de se soigner en prenant des drogues, avec l'espoir que cela réglera le problème.

Elles entrent alors dans un cercle vicieux, car la drogue peut apaiser momentanément, mais confronte ensuite à de nouveaux problèmes : la personne ayant vu son problème résolu, est renforcée dans le besoin de prendre cette drogue quand la situation difficile se présente à nouveau et si le produit est addictif, elle a besoin de s'en procurer en quantités de plus en plus importantes pour obtenir les mêmes effets et ressent par la suite des effets secondaires physiques et sociaux liés à cette consommation.

Le cannabis moins inoffensif qu'on le croit

Il peut être addictif et déclencher des épisodes psychotiques.

Si cette séquence a bien été décrite pour la plupart des produits, le cannabis avait la réputation de n'être pas addictif ; ce que les premiers résultats de l'enquête Escapad semblent contredire, puisque 26 % des usagers quotidiens disent avoir essayé d'arrêter sans succès. L'OFDT rapporte qu'en 2003, et pour la première fois, les usagers de cannabis sont devenus les premiers utilisateurs des structures spécialisées dans les toxicomanies, juste avant les toxicomanes aux opiacés.

Le fait que près de la moitié des usagers quotidiens rapportent des problèmes : disputes ou *bad trip*, témoigne aussi contre cette réputation d'innocuité. S'y ajoute la part non négligeable du cannabis dans les accidents mortels de la route : 2,5 %. Des décès qui concernent des hommes jeunes (18-24 ans). Le risque d'avoir un tel accident sous l'emprise du cannabis est évalué à 1,8 et, en cas de consommation d'alcool, multiplié par 8,5.

Actuellement, le problème le plus préoccupant est celui de l'éventuel rôle déclencheur de la consommation de cannabis dans l'entrée dans un trouble psychotique, en particulier la schizophrénie.

LES AUTRES DROGUES

Une consommation de cocaïne relativement faible en France

Si la consommation de cocaïne est relativement faible en France, elle est la deuxième drogue après le cannabis : elle a été expérimentée par 2 % de la population en moyenne : 3,3 % des hommes et 0,8 % des femmes.

L'expérimentation de la cocaïne, bien que ne concernant qu'une petite partie de la population, a connu une diffusion croissante au cours des années 1990 où elle a doublé. Cette expérimentation concerne plutôt les adultes de 26-44 ans que les 18-25ans.

L'enquête Escapad évalue en 2003 à 2 % le taux d'expérimentation chez les garçons de 17 ans et 1 % chez les filles du même âge, et l'usage récent concerne la moitié de ces jeunes. L'expérimentation de cocaïne s'avère trois fois plus fréquente sur le pourtour méditerranéen que dans le centre de la France.

La cocaïne est une des drogues fréquemment consommée dans l'espace festif « musiques électroniques » où il ressort des enquêtes qu'elle a été utilisée par près de deux tiers des participants.

La nouvelle consommation au quotidien

Cependant l'espace festif n'est pas le seul lieu de consommation et il est difficile de décrire un profil type d'usager étant donné l'importante hétérogénéité des profils sociaux des consommateurs, qui peuvent aller de personnes très marginalisées à des personnes à très haut niveau de revenu. La cocaïne semble, en effet, de plus en plus disponible et bénéficie d'une image positive ; elle est considérée comme un produit de luxe, permettant de faire la fête.

Un article du *Monde*, « La cocaïne au quotidien » (13 avril 2006), évaluait son prix entre 50 et 70 euros le gramme et 20 euros le trait. De plus, l'article décrivait divers systèmes permettant de s'en procurer facilement tant dans des clubs qu'en faisant appel à des vendeurs ambulants qui livrent à domicile ou au travail sur un simple appel téléphonique comme pour une pizza.

Si la prise de cocaïne a lieu le plus souvent dans un contexte festif, la consommation peut aussi avoir lieu dans un contexte professionnel. L'article décrit d'ailleurs avec beaucoup de réalisme l'engrenage dans lequel peuvent se trouver les trentenaires bien insérés professionnellement. Une prise le matin pour éviter de piquer du nez après une nuit blanche, une prise dans les toilettes avant d'affronter un rendez-vous important quand on est très timide. Ces prises se font dans une ambiance de travail sous pression. Dans ce contexte, la prise de drogue n'est plus du tout liée à la recherche du plaisir extatique mais plutôt comme une sorte de dopage qui permet de surpasser ses capacités pour affronter la compétition et produire rapidement quand les délais sont très courts.

Si les personnes ont l'impression que c'est un produit magique qui ne crée pas d'accoutumance, les autres se rendent vite compte des effets négatifs sur les autres quand elles se mettent à raisonner en boucle, deviennent hyperagressifs et rapidement paranoïaques. Ceci sans parler des états délirants et des risques au volant à distance des prises.

Il en est de la cocaïne comme des autres toxicomanies. Soit les personnes n'ont pas de problèmes psychiatriques sous-jacents et la prise peut être limitée à des circonstances festives plus ou moins espacées dans le temps et qui avec l'âge disparaîtra, soit il s'agit de personnes plus fragiles qui ont en général des problèmes d'anxiété, comme des phobies sociales, ou une anxiété généralisée qui les handicapent dans leur vie relationnelle et peuvent entraîner secondairement une dépression. Ces personnes peuvent entrer en contact avec le système de soins et se voir prescrire des médicaments psychotropes à des doses plus ou moins efficaces. Aussi, à court terme, la cocaïne peut leur sembler beaucoup plus efficace. Le fait que ce produit soit utilisé un peu comme un médicament le rend très dangereux car les symptômes réapparaissent et la personne entre dans le circuit d'une dépendance à laquelle s'ajoutent des effets secondaires inévitables. Enfin, la cocaïne a des effets toxiques irréversibles sur le cerveau.

Les toxicomanes : des problèmes psychiatriques antérieurs

Les études épidémiologiques montrent toutes que les personnes toxicomanes ont d'autres problèmes psychiatriques associés. Ces problèmes sont toujours préexistants, c'est-à-dire que l'on a des problèmes de comportement, d'anxiété ou de dépression et ensuite des problèmes de toxicomanie.

Quelles sont les tendances actuelles quant aux toxicomanies à la cocaïne en France ? Même si le phénomène n'est pas très développé, du moins par rapport à certains pays voisins, il semble que la cocaïne soit plus facilement disponible et soit sortie du cercle fermé de la pub, du showbiz, de la finance et de la politique pour atteindre les classes moyennes, car il devient plus facile de s'en procurer financièrement.

Si, dans certains milieux, c'est un produit dopant, elle devient dans d'autres une automédication des problèmes anxiodépressifs prenant probablement la place de l'alcool, qui était utilisé à cette fin il y a une dizaine d'années avec des effets tout aussi délétères.

Cependant, même quand la cocaïne est prise pour augmenter les performances et la résistance, elle apporte son cortège d'effets négatifs et reste un produit addictif dont il devient difficile de se passer et qui modifie la perception de l'entourage comme le caractère.

CHAPITRE 7

Le suicide

Des taux de suicide dix fois plus élevés dans certains pays d'Europe

Un des indicateurs les plus utilisés pour comparer la santé mentale entre les pays et suivre les évolutions, est le taux de suicide. Il existe des écarts très importants entre les pays. Ainsi, dans la région Europe de l'OMS, les différences entre les taux de suicide vont pour l'année 2000 de 47 pour 100 000 en Lituanie ou 35 pour 100 000 dans la Fédération de Russie à 3 pour 100 000 en Grèce, voire 2 pour 100 000 en Arménie ou en Albanie ; la France se situe vers le milieu à 16 pour 100 000. Cependant, dans notre pays, on constate des différences très grandes entre régions à taux élevés et régions à taux bas et une sorte de distribution Nord/Ouest et Sud/Est avec l'exception notable de l'Île-de-France dans laquelle le taux est bas.

Même si l'on peut discuter les méthodes de recueil de ces données et le fait que, suivant les pays, les certificats de décès soient établis directement par le médecin alors que dans d'autres un juge doit intervenir, les différences sont indiscutables. Les pays catholiques ont traditionnellement les taux les plus bas et ce d'autant que la religion y joue un rôle important.

Un chiffre en baisse

L'étude de l'évolution des taux de suicide ces vingt dernières années apporte de précieux renseignements car les méthodes de recueil sont restées relativement identiques dans les différents pays ; elle montre que dans la plupart des pays européens, dont la France, ces taux ont diminué considérablement.

Cette diminution a été mise en rapport avec plusieurs facteurs dont les politiques de prévention du suicide que sont une amélioration de l'accès aux soins en cas de tentative de suicide et une meilleure prise en charge de la dépression qui est l'un des plus importants facteurs de risque.

Un autre élément est très certainement à prendre en compte : la baisse de consommation d'alcool. C'est dans les pays où la consommation d'alcool par habitant a le plus diminué que les taux de suicide ont le plus baissé et *vice versa*. De fait, la prise d'alcool est souvent concomitante à la tentative de suicide et les personnes qui ont des problèmes d'alcool cumulent les facteurs de risque : elles sont isolées car les problèmes d'alcool amènent à des difficultés intrafamiliales, qui souvent se terminent par une rupture, et elles ont du mal à conserver un emploi.

Dans tous les pays dits développés, le suicide des hommes est beaucoup plus fréquent que celui des femmes alors qu'inversement les tentatives de suicide sont plus fréquentes chez les femmes, en particulier parce que ces dernières utilisent des méthodes moins dangereuses que les hommes, comme les médicaments, alors que ces derniers utilisent les armes à feu ou la pendaison. Ils présentent aussi plus de problèmes avec l'alcool et les drogues et plus de troubles impulsifs.

UN PHÉNOMÈNE QUI COMMENCE À L'ADOLESCENCE, MAIS TOUCHE SURTOUT LES PERSONNES ÂGÉES

Le suicide des enfants est heureusement un phénomène très rare et les statistiques ne rapportent pas de suicide avant l'âge de 12 ans ; avant cet âge, il devient d'ailleurs très difficile de faire la différence entre un suicide et un accident, d'autant qu'il faut que l'enfant ait vraiment perçu qu'il allait mourir et ce que cela signifie de définitif. C'est à partir de 15 ans que le suicide devient un phénomène mesurable et est rapporté, et ces suicides correspondent en général à une maladie maniaco-dépressive précoce et très sévère.

Dans tous les pays d'Europe, ce sont les personnes âgées qui se suicident le plus. Il est étonnant de voir qu'en France la plupart des gens pensent que ce sont les jeunes qui se suicident. Certes, le suicide d'un jeune est particulièrement choquant et quantitativement il y a plus de jeunes que de personnes âgées, mais ce sont surtout les personnes âgées, souvent en milieu rural, qui se suicident.

L'Irlande est le seul pays d'Europe où les jeunes se suicident plus que les personnes âgées, peut-être en raison de l'attachement de ces dernières à la religion catholique qui était très forte dans ce pays.

LES PAYS LES PLUS TOUCHÉS

Les pays d'Europe dont l'économie a évolué le plus rapidement sont les plus touchés. En Europe, trois pays ont vu augmenter leur taux de suicide : l'Irlande, le Luxembourg et la Grèce. On note en passant que ce sont des pays dont l'évolution économique a été la plus positive. Cependant cette évolution économique s'est accompagnée d'une augmentation de la consommation moyenne d'alcool. De plus, l'évolution moyenne d'un pays peut être très positive tout en laissant perdurer des portions de la population dans la pauvreté, comme c'est le cas en Irlande où le pourcentage de personnes pauvres est resté important même si le pays s'est beaucoup enrichi. Les liens sociaux, l'importance de la religion ont aussi été bouleversés par cette évolution.

Le suicide a été très étudié par un sociologue français, Émile Durkheim, qui a cherché à comprendre les influences de la société sur ce phénomène. Partant de l'observation des diversités géographiques et des fluctuations des taux de suicide sur différentes périodes, il a cherché à trouver des explications. Son hypothèse a été que c'est dans les sociétés victimes d'anomie, c'est-à-dire d'une perte des valeurs, où les individus ne peuvent plus prévoir les comportements des uns et des autres car les codes qui les régissaient ont disparu, que les taux de suicide sont les plus élevés. Beaucoup de scientifiques ont essayé de mettre en relation les taux de suicide avec le chômage, plus généralement les difficultés économiques, mais sans que ces approches soient vraiment concluantes.

LE RÔLE DU PATRIMOINE GÉNÉTIQUE ET DES HABITUDES SOCIALES

Un exemple a été particulièrement bien étudié, celui de la Slovénie. Ce petit État appartenait à l'ex-Yougoslavie et a récemment été intégré à l'Union européenne. Si l'on se réfère aux théories habituelles sur les effets de la religion sur le suicide, le taux de suicide de la Slovénie est paradoxalement élevé puisque ce pays est à 70 % catholique : comparé à l'Italie voisine, dont le taux est à 6 pour 100 000, le taux en Slovénie est à 28 pour 100 000, ce qui constitue une énorme différence. Qui plus est, alors que depuis 1999 la situation politique et sociale a considérablement changé, ce taux n'a pratiquement pas bougé. Enfin, les taux sont élevés pour les personnes nées en Slovénie, mais aussi pour celles qui y ont émigré.

Une carte de l'Europe montre une sorte de forme en J des pays à fort taux de suicide qui va de la Finlande à l'Autriche ; on remarque que deux populations d'Europe ont des taux particulièrement élevés, à savoir les Hongrois et les Finlandais, dont les populations sont présentes dans quelques pays voisins, par exemple l'Estonie. Cette distribution géographique pourrait correspondre à celle d'un gène particulier qui serait lié au suicide.

Un autre élément a été proposé pour tenir compte de ce phénomène, qui est une interaction entre les effets de l'alcool et la tendance à la suicidalité.

On a constaté que les régions qui produisent traditionnellement de l'alcool – France, Portugal, Italie – ont des taux de suicide assez bas. Dans le cas de la Slovénie, on remarque que cette région était productrice jusqu'à son invasion par les Hongrois (Magyar) et les Slaves qui ont arrêté cette production et se sont mélangés à la population. Quand la production a repris, parce que les conditions étaient à nouveau réunies pour que cela soit possible, les populations n'avaient plus la culture qui leur permettait de gérer leur consommation d'alcool, comme c'était le cas précédemment, et on a vu augmenter le nombre de problèmes d'ivresse et de troubles psychiatriques dus à l'alcool. Cependant, ces populations avaient entre-temps acquis une susceptibilité génétique au suicide de par leur mélange avec les anciens envahisseurs et cette susceptibilité a été décuplée par les problèmes avec l'alcool, amenant à des taux très élevés de suicide. Qui plus est, ces taux sont de plus en plus élevés dans les provinces géographiquement proches de la Hongrie et de plus en plus bas dans celles qui sont proches de l'Italie et de la Croatie.

Même s'il ne s'agit que de théories, elles soulignent des interactions assez probables entre patrimoine génétique et habitudes sociales.

L'étude rétrospective des suicidés : presque toujours un problème psychiatrique

Pour étudier les suicides de manière individuelle, on a utilisé la technique dite de l'autopsie psychologique, c'est-à-dire que l'on interroge rétrospectivement l'entourage de la personne suicidée pour essayer d'évaluer à travers les témoignages la présence d'un diagnostic psychiatrique antérieur. Cette technique a permis de mettre en évidence que, dans la très grande majorité des cas, les personnes qui commettent un suicide présentaient un problème psychiatrique. Dans la moitié des cas, il s'agit d'un problème de type dépressif ; la maladie maniaco-dépressive étant la maladie le plus à risque, les personnes souffrant de schizophrénie ayant également un risque très élevé.

Il existe néanmoins des suicides de personnes qui ne souffrent pas de problèmes de santé mentale ; on a évoqué le suicide dit altruiste des personnes qui passent à l'acte pour ne pas être un poids pour la société. On parle aussi du droit de mourir dans la dignité, c'est-à-dire, du droit pour une personne de se suicider si elle peut le faire ou de demander à une autre personne de l'aider à mourir parce qu'elle considère que sa vie ne vaut pas la peine d'être vécue. Il s'agit dans la plupart des cas de personnes qui souffrent d'une maladie incurable et très douloureuse, dont l'évolution est inéluctable, ou qui souffrent d'infirmités très handicapantes. Ce sont des questions éthiques auxquelles il faut se garder d'apporter une réponse simple. Cependant, ces suicides, s'ils ont lieu, ne sont pas le fait de personnes qui ont un problème de santé mentale même si leur état peut retentir gravement sur leur moral.

Le suicide acte politique : les attentats suicides

D'autres suicides ont aussi fait leur apparition, celui de personnes souvent jeunes, hommes et femmes, qui se suicident pour une cause. Il est difficile de reconstituer l'état de santé mentale des personnes qui ont accompli ces actes.

Certaines de ces personnes, de culture européenne ou non, se sont converties à l'islam radical, sont parties en camp d'entraînement en Afghanistan ou au Pakistan et sont revenues accomplir ce suicide qui leur apporterait la certitude du salut.

Toutes ne viennent pas d'un milieu particulièrement défavorisé, loin de là, et le monde a été étonné de découvrir que les auteurs des attentats du 11 Septembre étaient des citoyens cultivés, ayant réussi leurs études, et apparemment bien adaptés à la société américaine.

En fait, nous disposons de peu d'éléments pour comprendre ces suicides qui correspondent très probablement à des mobiles et des situations assez divers.

Un élément de compréhension nous vient de l'examen psychologique d'un candidat au suicide qui a été arrêté par hasard avant d'avoir pu actionner sa bombe. Il s'agissait d'un jeune homme, père d'un bébé de 6 mois et qui avait eu un travail et une famille. La perte récente de son travail l'avait désespéré et il présentait un syndrome dépressif sévère. Ayant perdu goût à la vie et désirant mourir, il souhaitait au moins que sa mort serve à quelque chose d'utile, par exemple un combat politique. Ce récit qui est appuyé sur des expertises crédibles laisse à penser qu'au moins une partie des candidats au suicide de ce type a des problèmes de santé mentale sévères comme des troubles dépressifs avec idées suicidaires.

D'autres personnes peuvent présenter d'authentiques syndromes délirants au cours desquels elles entendent un appel pour une cause : elles peuvent avoir des visions ou entendre des voix qui les appellent, symptômes de délire qui peuvent prendre la forme d'idées religieuses et politiques. Sans atteindre des manifestations aussi évidentes, on est souvent étonné d'entendre que des candidats à ces suicides proviennent de familles qui ne sont pas particulièrement croyantes et n'ont pas élevé leurs enfants dans une ambiance religieuse, encore moins fondamentaliste, que les parents eux-mêmes sont souvent désespérés de voir leur fille ou leur fils adopter des thèses aussi extrémistes tout en se sentant impuissants à les arrêter. Se pose donc la question de cette motivation particulière et du rôle des influences extérieures sur une fragilité personnelle qui a amené la personne à adopter des attitudes radicales pouvant aller jusqu'à commettre un suicide de ce type.

De toute façon, on ne saurait ramener tous ces suicides à des cas pathologiques et nombre des militants sont des personnes qui croient sincèrement à la nécessité de donner leur vie pour obtenir une rédemption parce que cette croyance est véhiculée par leur culture, leur famille et leur environnement et que le suicide leur paraît la seule issue à une situation sans avenir.

Cependant la religion en général, et particulièrement la religion musulmane, interdit le suicide, et les pays musulmans ont des taux de suicide très bas, bien qu'il soit permis de se poser des questions sur la réalité des statistiques alors que les tentatives de suicide des personnes de religion musulmane semblent aussi nombreuses que celles des personnes d'autres religions.

Si les facteurs socioculturels ont été largement évoqués dans l'explication des différences des taux de suicide entre les divers pays d'Europe, il faut bien avouer qu'ils ne permettent pas de vraiment expliquer de telles différences.

CHAPITRE 8

Les troubles psychotiques

L'évolution dans le temps des troubles les plus sévères, c'est-à-dire des troubles psychotiques, est un thème qui a été très étudié par les épidémiologistes et qui fait l'objet de controverses importantes.

Contrairement aux troubles anxieux ou dépressifs dont nous avons parlé précédemment, ces troubles sont trop rares et spécifiques pour pouvoir être facilement mesurés dans les enquêtes de population, surtout s'il s'agit des nouveaux cas (incidence).

Des troubles rares

Avant de présenter les données que nous avons trouvées quant à l'évolution de ces troubles avec le temps, nous devons préciser de quelles évolutions il s'agit.

En effet, l'interprétation d'une évolution dans le temps ou même simplement d'une comparaison des fréquences n'est pas du tout la même suivant qu'il s'agit de la prévalence :

nombre de cas pendant une période donnée (un an par exemple) ou d'incidence, c'est-à-dire des personnes qui deviennent malades pour la première fois pendant cette même période.

Dans le premier cas, la prévalence accumule toutes sortes de facteurs qui peuvent s'annuler. Le fait que les pays dits en développement aient en général des prévalences de schizophrénie plus bas que les pays développés en est un exemple flagrant : si les schizophrènes ont moins accès aux soins, ce qui est probable dans les pays dits en voie de développement, leurs chances de guérir sont moindres, ce qui devrait augmenter leur prévalence, mais leur risque de décéder pour des causes de maladies physiques, d'accidents et de suicide est plus élevé, ce qui diminue la prévalence. On voit donc que la prévalence est la résultante de plusieurs facteurs qui peuvent eux-mêmes se modifier avec le temps : les médicaments peuvent devenir plus accessibles, par exemple, et faire baisser la prévalence, mais une aggravation des conditions de vie des patients, comme dans le cas d'un conflit armé, aura le même résultat.

Par conséquent, si l'on veut répondre à la question d'une augmentation des maladies, il faut travailler sur les études d'incidence qui éliminent ces facteurs et se centrent sur l'apparition des maladies.

Comme nous l'avons dit, les maladies psychotiques – schizophrénie, autisme et psychoses infantiles, maladie maniaco-dépressive – sont relativement rares, et les personnes qui en souffrent peuvent être hospitalisées parfois pour de longues périodes ou vivre dans des logements protégés. Si l'on ajoute une difficulté de communication et un certain degré de marginalisation, ces personnes sont peu accessibles aux enquêtes de population classiques, qui partent d'un tirage au sort des populations à partir de registres divers. À ces considérations doivent s'ajouter les tailles de population qu'il faudrait interroger pour saisir des maladies peu fréquentes.

On doit donc utiliser d'autres méthodes.

La schizophrénie

L'ÉVOLUTION DES CLASSIFICATIONS DIAGNOSTIQUES

Pour pouvoir évaluer une augmentation éventuelle de la schizophrénie il faut tenir compte de l'évolution des diagnostics à travers le temps : par exemple aux États-Unis, on a constaté que les sorties de patients hospitalisés pour troubles majeurs dépressifs se sont multipliées par trois entre 1975 et 1999 tandis que celles pour troubles schizo-affectifs (sorte d'intermédiaire entre les troubles maniaco-dépressifs et la schizophrénie) étaient multipliées par cinq tandis qu'à l'opposé, les sorties pour troubles schizophréniques étaient divisées par trois.

DE NOUVEAUX MÉDICAMENTS : L'EFFET LITHIUM

En France, une tendance quasi identique a été rapportée et attribuée à l'apparition du lithium qui est un traitement efficace pour la maladie maniaco-dépressive. Le fait que les médecins disposent de ce médicament, dont on a constaté l'efficacité sur certaines formes de schizophrénie dites schizoaffectives, les a amenés à préciser certains critères, et, partant, les habitudes diagnostiques ont changé et les patients ont été répertoriés dans d'autres catégories.

L'évolution des critères diagnostiques dans les classifications DSM successives ajoute à la complexité des comparaisons. Cependant, il est possible de réinterpréter les symptômes en fonction des nouvelles catégories pour pouvoir faire ces comparaisons dans le temps.

UNE DIMINUTION DE L'INCIDENCE DE LA SCHIZOPHRÉNIE

Une étude a ainsi étudié l'évolution de l'incidence de la schizophrénie dans la région de Nottingham entre 1881 et 1994 et n'a trouvé aucun changement dans l'incidence alors même que des changements démographiques très importants étaient apparus dans la région et que le nombre de patients en contact avec le système de soins avait beaucoup augmenté. À l'opposé, une étude conduite dans le sud de Londres montre une augmentation entre 1965 et 1997. Cependant, d'une façon générale, les études laissent voir une baisse de l'incidence de la schizophrénie et cette tendance, qui n'est pas récente, semble amenée à se renforcer.

Les raisons de ces fluctuations sont nombreuses et intègrent le vieillissement de la population (plus de personnes ne présentant pas de schizophrénie sont au dénominateur), tandis qu'au contraire l'augmentation des phénomènes migratoires et l'urbanisation ainsi que l'exposition aux drogues augmentent cette incidence.

LES FACTEURS SOCIAUX DÉFAVORABLES

Nous aimerions préciser l'influence à travers le temps de trois facteurs qui se recouvrent en partie : l'appartenance à une classe sociale, le statut d'immigration et l'urbanisation.

Depuis les années 1960, on sait que les personnes souffrant de schizophrénie sont plus que les autres dans les classes sociales les plus défavorisées, elles-mêmes concentrées dans certains quartiers des villes. Par exemple, en Angleterre, une étude des premières admissions pour schizophrénie entre 1979 et 1953 montrait déjà que les personnes des classes défavorisées étaient cinq fois plus présentes qu'on aurait dû s'y attendre. Qui plus est, le pronostic de ces personnes était moins bon car elles avaient accès à des traitements de moindre qualité. On pensait à l'époque que des conditions sociales défavorables constituaient un risque ; cependant une étude plus poussée de la profession des parents de ces patients montre que l'origine sociale des personnes souffrant de schizophrénie n'est pas différente des autres et que le fait que ces personnes se retrouvent dans des classes défavorisées serait donc plutôt le résultat d'une fragilité particulière. De fait, l'étude approfondie des patients montre des difficultés scolaires et des difficultés d'intégration professionnelle, qui peuvent être considérées comme les conséquences des difficultés liées à cette maladie.

Le rôle de l'environnement urbain : l'isolement social

Face à ces éléments qui mettent en évidence l'importance de la fragilité individuelle, de nombreuses études soulignent le rôle d'une exposition à des conditions sociales défavorables, ce qui rééquilibre les hypothèses. En effet, plus d'une dizaine d'études démontrent qu'un environnement urbain, sans qu'on sache exactement ce que cela recouvre précisément comme facteurs, a un impact sur le développement des enfants et des adolescents et constitue un risque de développer des troubles psychotiques schizophréniques ou autres. Les données montrent que cet effet n'est pas dû à une migration d'enfants à risque vers les centres urbains, mais que le fait de naître et de grandir dans ces centres urbains a un effet en soi qui se déclare en présence d'une susceptibilité génétique particulière. Il y aurait donc une interaction entre une fragilité personnelle et des facteurs environnementaux résumés par le fait de vivre en milieu urbain.

Des recherches plus approfondies ont montré qu'il existait, à l'intérieur des villes, des différences très importantes suivant les quartiers. Ces variations sembleraient non pas en relation avec la pauvreté, mais plutôt avec des indicateurs d'un degré d'isolement social.

Cet isolement social est considéré comme le résultat du manque de ce qu'on peut appeler le capital social, c'est-à-dire ce qui permet un lien social qui fait que les individus se considèrent comme faisant partie d'une société.

Il semblerait que ces éléments qui font que la vie de quartier se déroule dans un climat de confiance mutuelle, de sécurité et de lien social, aient une influence importante sur la santé mentale des enfants qui y vivent et que la participation de ces éléments combinés à une fragilité génétique compte pour beaucoup dans le développement de la schizophrénie.

D'autres études, dont une étude de cohorte conduite en Suède, ont montré qu'un environnement social défavorable dans l'enfance augmente le risque de schizophrénie. Une étude que nous avions conduite sur la santé mentale des personnes sans abri à Paris en 1996 montrait l'importance du placement dans l'enfance comme facteur de risque de troubles psychotiques chez les personnes sans abri.

Le rôle de l'immigration

D'autres arguments appuient ces hypothèses. Comme nous l'avons dit, les immigrants ont des taux plus élevés de schizophrénie que les non-immigrants. Le risque est très important et une étude récente menée au Royaume-Uni dans plusieurs centres, l'évalue à presque un facteur 7.

Or ce risque ne peut être expliqué par un facteur génétique pour plusieurs raisons :

– Le risque de souffrir de schizophrénie est non seulement plus élevé chez les personnes en provenance des Caraïbes, elles-mêmes d'origines ethniques très diverses, mais aussi chez les personnes en provenance d'Afrique et dans une moindre mesure chez les personnes d'origine asiatique.

– Le risque de présenter une schizophrénie n'est pas plus élevé chez les personnes qui restent dans leur pays d'origine, en particulier dans les Caraïbes. Qui plus est, le risque est beaucoup plus élevé chez les enfants de la deuxième génération que chez ceux de la première génération, donc l'hypothèse génétique semble moins probable que l'hypothèse environnementale.

– On ne peut pas non plus considérer que les personnes qui ont émigré à partir des Caraïbes sont les plus fragiles car l'immigration des années 1960 concernait plutôt les personnes les plus compétitives, qui cherchaient à améliorer leur situation.

– Par contre, une étude sur les conditions de vie d'enfants de 10 ans, immigrants de deuxième génération élevés au Royaume-Uni, montrait qu'une importante proportion d'entre eux vivaient dans des appartements suroccupés par plusieurs familles, avaient des mères travaillant à temps plein dans des emplois non qualifiés, étaient à la garde de personnes variées et peu matures et avaient été séparés de leurs parents plus d'un mois, voire avaient été placés dans des familles d'accueil ou des institutions.

Ces données démontrent l'importance de facteurs qui interviennent probablement tôt dans la vie et qui font que, même si la schizophrénie apparaît dans toutes les classes sociales et nécessite une fragilité particulière, certaines conditions en augmentent le risque et sont rencontrées plus fréquemment dans les milieux urbains les plus pauvres qui accueillent les immigrants.

Ces données doivent être prises en compte pour la prévention d'une maladie comme la schizophrénie.

L'autisme

L'autisme est une maladie rare et sévère, dont les symptômes doivent être reconnus à un très jeune âge : entre 2 et 4 ans. Elle touche 5,5 enfants sur 10 000 ; les garçons en sont plus fréquemment atteints que les filles : risque multiplié par 3,8. La plupart des enfants autistes présentent un retard mental, cependant environ 20 % d'entre eux présentent une intelligence normale.

Contrairement à ce que nous avons rapporté sur la schizophrénie, les études ne montrent pas de prévalence plus élevée de l'autisme en fonction de la classe sociale ou du statut d'immigration.

UNE ÉPIDÉMIE D'AUTISME AUX ÉTATS-UNIS ?

La question d'une augmentation de l'incidence de l'autisme a été soulevée, en particulier par la publication de données en provenance des services de l'enfance de Californie, qui faisaient état d'une véritable « épidémie » d'autisme : entre 1987 et 1998 le nombre d'enfants déclarés autistes avait été multiplié par trois. En réalité, une analyse détaillée des données montre que cette augmentation a été constatée à partir de données brutes, en d'autres termes qu'on n'a pas rapporté le nombre d'enfants autistes au nombre d'enfants dans la province ; nombre qui avait considérablement augmenté en raison d'une arrivée massive de population en provenance des États-Unis et de pays voisins d'Amérique centrale.

De plus, les enfants pouvaient être diagnostiqués à des âges différents, or cette maladie étant reconnue de plus en plus tôt, les taux se cumulaient. Enfin, les classifications des troubles invasifs du développement ont beaucoup changé et d'ailleurs l'augmentation rapportée concerne aussi les autres troubles.

D'autres données en provenance d'autres parties des États-Unis, d'Angleterre et du Danemark ont montré une multiplication par quatre du nombre d'enfants diagnostiqués autistes entre 1980 et 2000.

LES VACCINATIONS ACCUSÉES

La vaccination contre la rougeole, les oreillons et la rubéole a été incriminée dans cette augmentation, du moins en Angleterre et aux États-Unis, amenant à des débats dans les instances politiques et médicales.

En réponse à ces affirmations, une étude a été conduite à partir des relevés d'une base destinée à la recherche médicale constituée auprès des médecins généralistes à travers le Royaume-Uni.

Cette étude a permis de documenter une multiplication par quatre de la prévalence de l'autisme pour les garçons âgés de 2 à 5 ans de 1988 à 1993. Par contre, après cette période, aucune augmentation d'incidence n'a été retrouvée. L'incidence de l'autisme était identique pour les enfants qui n'avaient pas été vaccinés. Cette affirmation a été confirmée par une étude rétrospective conduite en Californie en 2001 qui a montré qu'entre 1980 et 1994 l'incidence de l'autisme avait été multipliée par cinq alors que les taux de vaccination avaient à peine changé. Parallèlement une étude danoise comparait l'incidence de l'autisme chez les enfants vaccinés et les autres et réfutait toute association.

Si l'effet de la vaccination a été éliminé, d'autres causes ont été évoquées dont la prise de médicaments ou la survenue de certaines maladies pendant la grossesse ; la base de données des généralistes anglais a permis de comparer la santé des mères d'enfants autistes avec les autres mères et aucune maladie ni aucun traitement n'ont pu être mis en évidence pour expliquer une différence.

Cependant, les données permettent de constater une augmentation d'environ 25 % par an de 1993 à 1998 pour culminer en 1999, année qui a suivi la publication de l'article mettant en cause la vaccination. En 2000, le taux est retombé à 5,6 pour 10 000 et n'a pas bougé jusqu'en 2004, dernière année publiée.

Qui plus est, le nombre d'enfants diagnostiqués comme souffrant d'un trouble envahissant du développement sans précision a considérablement baissé entre 1992 et 2000.

UNE MEILLEURE CONNAISSANCE DE LA MALADIE

Il semble donc que l'incidence de l'autisme soit en fait restée stable ces dernières années. Par contre, les pratiques ont changé. Les diagnostics sont portés plus tôt ; parents, médecins et enseignants sont mieux informés, ce qui améliore la détection précoce et un diagnostic précis du type de trouble du développement d'autant que les formes sans déficit de l'intelligence sont mieux connues. Il y a donc une augmentation de la prévalence en raison d'une meilleure reconnaissance diagnostique, mais une stabilité de l'incidence.

Les troubles bipolaires

Les troubles bipolaires, aussi appelés maniaco-dépressifs, associent successivement des troubles de type dépressif – tristesse, perte d'intérêt, culpabilité excessive, désir de mort, troubles du sommeil, de la concentration ou de l'appétit – et des troubles « maniaques » – une euphorie marquée, une impression d'omnipotence et de grandeur pouvant aller jusqu'au délire, des idées qui défilent très vite, une accélération de la parole au point que l'entourage n'arrive pas à suivre, une hyperactivité, une perte du besoin de dormir, une désinhibition qui suscite des comportements sexuels débridés et des dépenses excessives. Il peut aussi s'agir d'épisodes d'irritabilité, cause d'une agressivité inhabituelle et prolongée.

Ces épisodes se succèdent : un épisode de dépression peut suivre un épisode dit de manie ou l'inverse. L'intensité de ces deux composantes peut être différente, et on a coutume de distinguer le trouble bipolaire de type I, qui implique au moins un épisode de manie caractérisé par sa sévérité et sa durée (au moins une semaine), et le trouble dit de type II, qui implique un épisode d'hypomanie, c'est-à-dire de manie moins forte, dont les symptômes n'ont pas entraîné de dysfonctions majeures et ont duré au moins quatre jours. Vient ensuite la cyclothymie qui recouvre des épisodes de dépression et d'hypomanie moins intenses que les précédents. On a récemment proposé d'élargir la définition des troubles bipolaires à des manifestations moins évidentes tant chez les enfants que chez les adultes, car il semble que certaines manifestations de type maniaque passent inaperçues, en particulier quand elles durent moins de quatre jours, qui sont le critère de l'hypomanie.

En principe, les troubles bipolaires impliquent la succession dans le temps d'épisodes de manie ou d'hypomanie et d'épisodes de dépression mais les épisodes de dépression peuvent manquer, par contre l'inverse n'est pas possible et les personnes qui sont dépressives sans épisodes maniaques ou hypomaniaques sont considérées comme des dépressifs et non des bipolaires.

ENCORE DES PROBLÈMES DE DÉFINITION

Cette nécessité d'une bipolarisation pose des problèmes sérieux aux enquêtes épidémiologiques. En effet, pour pouvoir classer une personne dépressive au moment de l'enquête comme bipolaire, il faut qu'elle se souvienne d'avoir eu un épisode maniaque ou hypomaniaque au moins une fois dans sa vie, mais il se peut aussi que cet épisode ne soit pas encore arrivé, par conséquent la personne sera considérée comme dépressive.

Le taux de conversion d'épisodes dépressifs en épisodes maniaques est difficile à estimer et a généralement été évalué à partir de patients hospitalisés où il serait de 19 % pour la manie et 27 % pour l'hypomanie.

L'incidence des troubles bipolaires ne peut donc se faire que rétroactivement, ce qui complique cette évaluation : l'incidence est évaluée entre 8 et 10 pour 100 000, ce qui en fait une maladie assez rare, par contre elle est chronique, puisqu'elle dure toute la vie.

Une étude récente analyse les résultats de quatorze études conduites en Europe dont la plupart sont des études régionales, et elle estime à 0,9 % la prévalence sur un an ; cette même prévalence est évaluée à 0,5 % dans deux études nationales australienne et américaine mais ces taux peuvent avoir été sous-estimés pour des raisons techniques.

En ce qui concerne la survenue de troubles bipolaires chez les enfants, un certain nombre de chercheurs estiment que les troubles bipolaires peuvent survenir assez tôt et qu'ils peuvent être présents chez des enfants à partir de 10 ans, mais ils sont mal reconnus car ils s'expriment par des troubles du comportement ; la question des relations entre l'hyperactivité et le déficit d'attention avec les troubles bipolaires a été posée.

Théoriquement les troubles bipolaires sont différents des troubles schizophréniques. Cependant il existe des formes intermédiaires, dites schizoaffectives, et la ligne qui sépare tous ces troubles est peut-être moins évidente qu'on croyait. Une des caractéristiques des troubles bipolaires est qu'il s'agit d'épisodes discontinus, c'est-à-dire qu'entre ces épisodes le sujet est normal. Dans les faits, les études de suivi montrent que les patients ont souvent des symptômes de l'un ou l'autre aspect de ce trouble et qu'ils conservent des difficultés sociales et des troubles psychologiques entre les épisodes.

Les troubles bipolaires posent de nombreuses questions ; leurs limites sont en discussion et leur nature même faite d'alternances d'épisodes de nature différente rend leur mesure difficile. Il n'existe pas à notre connaissance d'études ayant évalué leur évolution à travers les années, il est donc impossible de dire s'ils ont augmenté ou diminué, d'autant que l'évolution des connaissances rend la frontière entre les troubles bipolaires et la schizophrénie de plus en plus perméable et que les traitements se recoupent en partie. En conséquence, une partie des troubles anciennement classés comme schizophréniques pourrait se trouver dans cette catégorie.

LE RÔLE DES ÉVÉNEMENTS DÉCLENCHEURS

D'autres questions se sont posées quant aux effets d'événements déclencheurs : certaines études anciennes ont rapporté la survenue d'épisodes maniaques dans les suites d'un deuil (veuve exagérément joyeuse ayant des comportements grivois). L'étude des événements déclenchants dans les troubles bipolaires semble démontrer que l'effet est important sur la survenue d'un premier épisode maniaque et moins important ensuite.

Dans la mesure où une susceptibilité génétique familiale a bien été établie, avec des zones chromosomiques différentes pour les deux types de troubles, il semble que le rôle des événements soit moins important pour certains bipolaires que pour d'autres. À noter que certaines des zones chromosomiques impliquées sont aussi impliquées dans la schizophrénie.

LE MILIEU SOCIAL : PLUTÔT AISÉ, LES FEMMES ET LES HOMMES AFFECTÉS DE LA MÊME MANIÈRE

Le trouble bipolaire affecte autant les hommes que les femmes, et les patients souffrant de troubles bipolaires proviennent souvent de milieux aisés. Cependant, à la longue, leur maladie les handicape socialement et beaucoup d'entre eux se retrouvent en difficulté sociale.

Les troubles bipolaires ont la réputation de survenir chez des patients de toutes classes sociales. Une étude très sérieuse sur ce point a été conduite grâce aux possibilités de recoupement de différents fichiers nationaux au Danemark. Elle a permis de comparer la classe sociale des patients, et de chacun de leur parent. Elle a montré qu'en général les patients souffrant de troubles bipolaires se trouvent dans des conditions plus défavorables que la moyenne en termes d'études, de statut social : ils sont plus souvent chômeurs ou reçoivent plus de revenus sociaux que la moyenne. Par contre, elle a bien établi que ces patients viennent de familles plutôt privilégiées et que le statut actuel est une conséquence de leur maladie. Les parents de ces patients qui présentent eux-mêmes une susceptibilité génétique occupent des positions sociales supérieures à la moyenne.

LA PRÉSENCE D'AUTRES TROUBLES

Toutes les études montrent que les personnes qui souffrent de troubles bipolaires présentent d'autres troubles dans la grande majorité des cas : plus des deux tiers d'entre elles ont un trouble de l'anxiété, en particulier des attaques de panique, une agoraphobie et une anxiété post-traumatique, et 70 % ont un problème d'usage d'alcool ou de drogues. Enfin, ces personnes ont aussi un pourcentage élevé de troubles dits de la personnalité, en particulier de troubles de personnalité antisociale.

Ces associations posent la question de l'impact, par exemple, de la prise de cocaïne ou de stimulants sur la survenue d'un épisode maniaque chez des personnes qui seraient prédisposées génétiquement. Les troubles antisociaux pourraient, quant à eux, soit être des marqueurs d'un trouble bipolaire, qui amène le sujet à commettre des actes délictueux alors que son trouble n'a pas été reconnu, ou encore être liés à des prises de toxiques.

Inversement, l'usage de substances peut être une sorte d'automédication de troubles des émotions que le sujet essaie de contrôler par cette méthode.

Un autre élément a été soulevé dans plusieurs travaux ; la survenue de troubles bipolaires avec hypomanie ou de troubles de type maniaque de courte durée après un épisode dépressif traité par antidépresseurs, qui pourrait en fait avoir été provoquée par le traitement. De tels épisodes ont aussi été décrits lors de l'arrêt brutal d'un traitement antidépresseur.

TROISIÈME PARTIE

SE SOIGNER ET GUÉRIR

CHAPITRE 9

Quand et qui consulter ?

Qu'il s'agisse de soi-même ou d'un proche, il n'est pas toujours simple de décider quand demander de l'aide pour un problème et à qui s'adresser.

Certains problèmes sont d'emblée suffisamment sévères pour ne devoir être traités que par un spécialiste qui pourra être rencontré aux urgences ou lors d'une consultation : la présence d'un délire, d'une excitation très exagérée ou encore d'une dépression très sévère au point que la personne ne peut plus rien entreprendre et reste prostrée en ruminant des idées noires.

Cependant, ces cas extrêmes sont rares et la plupart du temps, les personnes présentent des symptômes d'anxiété ou de dépression dont elles ou leur entourage ont du mal à mesurer la gravité.

À une question sur les problèmes de santé mentale des adolescents, un pédopsychiatre bien connu répondait que cela dépend de la durée, de la répétition et de l'association avec d'autres symptômes.

En effet, face à un problème de santé mentale trois solutions sont possibles :

– Soit le problème est passager. Il ne faut pas oublier que chacun de nous peut avoir un mauvais moment, un passage à vide et que, la plupart du temps, il suffit d'attendre, de se faire épauler par son entourage ou de s'engager dans une activité que l'on a généralement du plaisir à faire pour que cela passe.

– Soit le problème dure une ou deux semaines et gêne sérieusement la personne dans sa vie quotidienne ; il est alors souhaitable de rencontrer un médecin généraliste à même d'évaluer la nature du problème et de conseiller éventuellement des entretiens avec un psychologue, voire de prescrire un bref traitement médicamenteux.

– Soit le problème est d'emblée sévère parce qu'il s'agit de symptômes inhabituels, comme un délire ou une excitation trop exagérée, ou encore parce que la personne a plusieurs problèmes à la fois, par exemple elle est déprimée et abuse de l'alcool ou des drogues, soit elle est déprimée, très gênée dans sa vie et très anxieuse, et on doit rechercher l'avis d'un psychiatre, quel que soit le lieu choisi pour cette rencontre. Le problème peut aussi être moins grave mais durer depuis plusieurs mois et, dans ce cas, il est important d'avoir un avis spécialisé, ce qui ne veut pas dire que le problème doit forcément être traité par un psychiatre.

Ces distinctions sont loin d'être évidentes, mais il est important de ne pas se précipiter chez un psychiatre pour un trouble passager tandis qu'à l'inverse il faut le rencontrer pour certains troubles.

Le rôle du généraliste, plus facile d'accès, est essentiel dans l'évaluation de ce qui est très grave et de ce qui l'est moins, même si l'on estime que tous les généralistes ne sont pas suffisamment formés pour gérer les problèmes de santé mentale, qui concernent un bon tiers de leur clientèle.

Il faut aussi parler des problèmes à plus long terme qui ne sont pas des problèmes aigus, mais qui gênent la personne en ce sens qu'elle a du mal à « réussir » sa vie en fonction de ses aspirations. Ces problèmes peuvent faire l'objet de soins psychothérapeutiques prodigués par des psychologues ou des psychiatres suivant différentes techniques dont nous parlerons plus loin.

Certains symptômes posent des problèmes spécifiques comme la violence ou les troubles du comportement ; ils sont d'autant plus difficiles à traiter que la personne a tendance à les nier et à considérer que ce sont les autres qui sont responsables. Une attitude identique peut exister pour les problèmes avec l'usage de l'alcool ou des drogues qui d'ailleurs sont souvent en cause dans les actes de violence. Là encore, la règle de la durée, de la répétition et de l'accumulation de divers types de problèmes permet de juger de la gravité et de la nécessité d'attendre que cela passe ou de consulter un généraliste ou un psychiatre.

Le généraliste : la voie la plus fréquente

Dans notre pays comme dans la plupart des pays européens, c'est en fait le médecin généraliste qui est le premier consulté en cas de problèmes psychologiques ou psychiatriques.

Bien qu'en France, jusque très récemment, les personnes aient pu consulter directement un psychiatre, un psychologue, un psychanalyste ou un autre psychothérapeute, la majorité des personnes qui ont un problème de santé mentale consultent un généraliste en premier.

Certes un certain pourcentage de personnes s'adresse directement au « psy » en cas de problème psychologique. D'après une enquête sur les intentions de consultation en cas de problèmes de ce type, les personnes qui prévoient de s'adresser directement au psy sont les plus jeunes et celles qui ont atteint le niveau d'études le plus élevé, c'est-à-dire plusieurs années passées à l'université. À l'opposé, les plus âgées et celles qui n'ont pas un niveau d'études très élevé prévoient de s'adresser au médecin généraliste.

Un système trop cloisonné

Contrairement aux autres pays d'Europe, le médecin généraliste français travaille peu avec les « psys », du moins quand il s'agit de patients qui présentent des angoisses, de la dépression ou des problèmes avec l'alcool. Dans une comparaison avec cinq pays européens : Allemagne, Pays-Bas, Espagne, Italie et Belgique, c'est en France qu'on trouvait le pourcentage le plus bas : 20 % de patients seulement adressés à un « psy », qu'il s'agisse du psychologue ou du psychiatre, alors que ce pourcentage peut être de 70 à 80 % aux Pays-Bas ou en Italie.

Le rôle joué par les intervenants non médecins – psychologues et dans certains pays travailleurs sociaux habilités à pratiquer des psychothérapies – est très différent suivant les systèmes, et c'est en France qu'il est le moins important, ce qui est assez logique quand on pense que les psychothérapies faites par les psychologues ne sont pas remboursées.

Les relations entre psychiatres et médecins généralistes ne sont pas très bonnes et souvent le psychiatre à qui le généraliste envoie son patient le prend en charge sans lui donner de nouvelles. Contrairement à ce qui se passe en cardiologie ou dans d'autres disciplines médicales auxquelles le généraliste envoie pour avis son patient, le psychiatre ne renvoie que rarement le patient avec des conseils que le médecin pourrait appliquer.

Les relations des généralistes avec le secteur psychiatrique public sont très variables. Dans certains cas, la collaboration est excellente et les généralistes suivent les patients à leur sortie de l'hôpital, mais dans d'autres cas, malheureusement les plus fréquents, ces relations sont inexistantes.

Le fait que le généraliste soit souvent seul en face de patients qui présentent des troubles psychologiques et qui représentent au moins le tiers de sa clientèle, d'autant que les personnes qui souffrent de problèmes de santé physique ont souvent des problèmes psychologiques associés, est considéré comme une des causes de la très grande consommation de psychotropes en France.

En effet, la prescription d'un médicament est, en France, la conclusion logique de toute consultation. Par conséquent, si le problème est psychologique, la prescription s'orientera vers un médicament psychotrope d'autant qu'il n'est pas facile au généraliste de ne rien faire, ou d'adresser à un psychologue non remboursé. On doit ajouter que la recommandation d'une consultation auprès d'un psychiatre n'est pas non plus toujours facile pour le généraliste car le psychiatre continue à faire peur.

Trouver un psychiatre disponible : pas toujours facile

Il n'est pas non plus toujours facile de trouver un psychiatre disponible. Non pas que notre pays manque actuellement de psychiatres puisque nous en avons une densité très élevée. Mais ces psychiatres sont très mal répartis sur le territoire et il est beaucoup plus difficile d'avoir un rendez-vous dans le nord de la France qu'à Paris. Mais même dans les grandes villes de France où se trouvent la majorité des psychiatres, ceux-ci peuvent avoir une longue liste d'attente.

Cette indisponibilité relative résulte en partie du système d'organisation des soins que nous avons décrit précédemment. L'accès direct aux psychiatres les met en contact avec des personnes qui ont des troubles de la santé mentale ne nécessitant pas ce niveau de spécialisation pour être traitées. La façon dont sont conduits les traitements psychothérapiques suppose de voir un relativement petit nombre de patients plusieurs fois par semaine, amenant à un rapide engorgement de la consultation. Une partie des psychiatres exercent dans des institutions dans lesquelles le temps passé au contact direct des patients est limité, car ils s'impliquent dans de nombreuses activités, dont l'éventail est très vaste.

Une autre difficulté réside dans le fait que si, généralement, le patient qui souhaite rencontrer un spécialiste a recours à son généraliste qui lui donnera les coordonnées d'un spécialiste avec lequel il est en réseau, la situation est souvent différente en ce qui concerne les soins de psychiatrie. Comme nous l'avons dit, les relations entre psychiatres et généralistes ne sont pas très bonnes. Il en résulte que le généraliste aura plus de difficultés à conseiller un psychiatre à son patient.

Une autre manière d'entrer en contact avec la psychiatrie peut être de s'adresser au système de soins psychiatrique public qui dispose de nombreux points de consultation sur le territoire français. Si en théorie un point de consultation correspond à chaque domicile de notre territoire, force est de reconnaître que dans nos enquêtes nous sommes toujours très surpris par le nombre de personnes qui ignorent tout de cette ressource. Pourtant de nombreux progrès ont été faits dans la communication des différents établissements, pratiquement tous disposent d'un site Internet qui permet d'obtenir des informations sur les consultations et de nombreuses municipalités font apparaître ces informations sur leur site. Reste ensuite à obtenir un rendez-vous : là aussi un effort a été fait pour ouvrir ces consultations à des horaires suffisamment larges pour que les personnes qui ont des activités professionnelles puissent y avoir recours, mais il reste beaucoup à faire.

Les urgences : la prise de contact la plus fréquente pour les troubles délirants

Le premier contact avec la psychiatrie peut se faire dans des contextes très divers, en partie en fonction de la raison de ce contact. Soit le patient est conscient de ses troubles et recherche de l'aide par lui-même : il va généralement s'adresser à son généraliste ou directement à un psychologue ou à un psychiatre libéral ou public. Soit le patient n'est pas conscient de ses troubles et la donne est bien différente.

Beaucoup de personnes ont conscience qu'un de leur proche a besoin d'aide, mais ce dernier ne s'en rend pas compte ou, s'il s'en rend compte, il ne souhaite pas demander d'aide, du moins pas auprès d'un professionnel de la santé mentale.

Fort heureusement, certaines personnes se laissent convaincre par leurs proches, parfois appuyés par le médecin généraliste, et le contact s'établira avec un psychiatre qu'elles auront choisi et qu'elles rencontreront de leur plein gré. Ce premier contact peut amener à une hospitalisation qui se fera avec le consentement de la personne, ce qui signifie qu'elle peut l'interrompre quand elle le souhaite.

Malheureusement, de nombreuses personnes ne sont pas conscientes qu'elles ont un problème ou, si elles le sont, elles ne réalisent pas qu'il s'agit d'un problème de nature psychiatrique, qui ne peut se régler que par un traitement de ce type, et l'entourage se trouve en partie réduit à l'impuissance quand ses tentatives de persuader la personne qu'elle a un problème échouent, voire se transforment en agressivité à son endroit.

Une récente enquête sur l'entrée en contact avec le système de soins pour un premier épisode délirant révèle que dans une grande ville de France, 80 % de ces personnes sont entrées en placement involontaire et par les urgences.

De nombreux efforts ont été entrepris pour que la psychiatrie soit présente dans les urgences des hôpitaux généraux et cela a considérablement amélioré l'accès aux soins, car il est plus facile de persuader un proche de se rendre dans un hôpital général beaucoup moins stigmatisant que dans un hôpital psychiatrique, même si, dans un deuxième temps, la personne doit être hospitalisée en psychiatrie. Cette rencontre du psychiatre dans le contexte des urgences généralistes permet aussi de favoriser les relations entre les psychiatres et les médecins des autres spécialités, car la présence conjointe d'un problème de santé physique avec un problème de santé mentale est très fréquente.

Il existe aussi de très rares équipes psychiatriques qui se déplacent si un intervenant le leur demande pour évaluer la situation sur place, et quelques centres dits de crise qui, en principe, reçoivent des demandes en permanence.

CHAPITRE 10

Les « psys » : un monde opaque

Personne ou presque ne connaît la différence exacte entre un psychiatre, un psychologue, un psychanalyste ou un psychothérapeute, ni les traitements qu'ils peuvent ou non administrer, et ceci dans tous les milieux sociaux et culturels.

Les psychiatres

Le psychiatre est un médecin spécialiste qui peut pratiquer des psychothérapies et prescrire des psychotropes.

Un psychiatre a suivi des études de médecine comme tous les autres médecins et s'est secondairement spécialisé en psychiatrie. La psychiatrie est une discipline médicale et c'est une spécialité au même titre que la cardiologie ou la dermatologie.

Le nombre de psychiatres a considérablement augmenté depuis les années 1970 et il est passé d'environ mille à plus de dix mille. Aujourd'hui, ce nombre est aux alentours de quatorze mille, faisant de la France le pays à la plus haute densité de psychiatres par habitant du monde (deuxième après la Suisse). Les psychiatres libéraux, soit six mille cinq cents praticiens, sont remboursés par la Sécurité sociale et les mutuelles dans les mêmes conditions que les autres spécialistes, et peuvent être soit en secteur 1 soit en secteur 2, où ils peuvent demander un dépassement d'honoraires. Les psychiatres peuvent aussi exercer dans des cliniques privées, où ils sont payés par honoraires, ou dans les hôpitaux publics à temps plein ou partiel et dans ce cas leurs soins sont gratuits.

Dans les années 1970, les psychiatres français ont été très influencés par la psychanalyse qui a été non seulement enseignée sur le plan théorique, mais vécue personnellement par la grande majorité des psychiatres de cette génération qui ont été « en analyse ».

Il existait bien entendu une formation au maniement des médicaments psychotropes.

La philosophie des soins qui était enseignée était celle de la psychothérapie institutionnelle qui professait que l'institution, c'est-à-dire l'hôpital, avait en soi une fonction soignante qui devait être utilisée comme telle au cours de séjours qui étaient relativement longs : la durée moyenne de séjour était de trois mois, ce qui veut dire qu'elle pouvait s'échelonner sur une année ou plus. Cette durée des séjours rendait possible l'organisation d'une vie sociale à l'intérieur de l'hôpital ainsi que le déroulement de psychothérapies.

La formation des psychiatres était donc basée sur une approche psychothérapique de groupe et individuelle qui se faisait à partir de séminaires au cours de leurs études, par une psychanalyse personnelle pour la très grande majorité et par une formation à la psychothérapie institutionnelle au cours de leurs stages. Depuis, la formation des jeunes psychiatres s'est rapprochée de celle des spécialistes des autres disciplines et s'est orientée vers les médicaments et la psychiatrie dite neurobiologique.

Les psychiatres sont habilités à faire des psychothérapies qui sont, dans les faits, les seules psychothérapies remboursées par la Sécurité sociale qui prend en charge toute consultation de psychiatrie quel qu'en soit l'objet. Ils peuvent aussi pratiquer des psychothérapies dans le cadre de la pratique de psychiatrie publique et dans ce cas ces psychothérapies sont gratuites.

Cette pratique des psychothérapies pose problème car la formation universitaire ne garantit pas une formation aux psychothérapies, qui sont des techniques particulières de traitement. En effet, la pratique des psychothérapies n'est pas enseignée dans toutes les facultés de médecine : dans ces conditions, les psychiatres doivent se former parallèlement dans des écoles de psychothérapie qui ne sont pas intégrées aux écoles de médecine.

Les psychologues

Un psychologue est une personne qui a suivi des études de psychologie dans une faculté qui accueille un institut de psychologie. La psychologie fait partie des sciences humaines ; on accède à ces études par le baccalauréat, et la demande excède largement l'offre, aussi existe-t-il une sélection des candidats qui sont d'ailleurs en majorité des candidates.

À côté des facultés publiques, il existe quelques écoles privées comme les universités catholiques de Paris et de Lille qui délivrent un diplôme de psychologue praticien.

Le diplôme de psychologue est reconnu nationalement et le titre de psychologue est réservé aux personnes qui ont passé les examens correspondant au diplôme de psychologue.

Ce diplôme peut conduire à plusieurs types de pratiques qui correspondent à des cursus différents :

– La psychologie du travail qui forme les psychologues qui travaillent en entreprise, généralement dans les services dits de ressources humaines où ils ont des activités de sélection pour les recrutements mais aussi de gestion, voire de direction des ressources humaines. Ils peuvent aussi avoir des activités de *coaching* professionnel.

– La psychologie scolaire qui forme les psychologues qui sont dans les écoles et dont le cycle est le plus court. À ces psychologues s'ajoutent des enseignants qui peuvent par la formation continue devenir psychologues scolaires.

– La psychologie expérimentale qui forme des chercheurs qui travailleront dans des laboratoires de recherche expérimentale et pourront poursuivre leurs études et obtenir des doctorats.

– Enfin, la psychologie clinique qui est sanctionnée par un DESS de psychologie clinique, qui implique entre autres de suivre des cours de psychopathologie, souvent donnés par des psychiatres qui décrivent les maladies mentales, et surtout de faire des stages cliniques. Avec la modernisation des diplômes, ce DESS est devenu un master 2 professionnel (bac + 5).

Dans le cadre des réflexions sur la psychiatrie et la santé mentale, le contenu de cette dernière formation a été revu, en particulier des propositions ont été faites sur les stages proposés aux psychologues cliniciens.

En effet, il est très difficile actuellement pour les psychologues de trouver des stages qui les mettent en contact avec des patients. Au mieux, ils trouvent des stages dans les hôpitaux psychiatriques, sous l'autorité d'un psychologue, sans contenu vraiment formalisé. Dans les faits, ils ont du mal à acquérir une expérience clinique dans ce contexte.

Cette absence d'expérience clinique est un véritable problème une fois qu'ils exercent, en particulier quand ils sont isolés dans une pratique libérale, et cette lacune a été soulignée par de nombreux intervenants.

Comme les psychiatres, les psychologues qui souhaitent pratiquer des psychothérapies doivent se former dans des écoles spécifiques en dehors de leurs cours théoriques. Certaines facultés, comme celle de Censier à Paris, sont très orientées vers la psychanalyse, alors que d'autres le sont vers des techniques cognitivo-comportementalistes, mais rares sont les facultés qui enseignent les différentes techniques. D'une façon générale, l'enseignement reçu à l'université reste très théorique et prépare mal à affronter la vie professionnelle dans laquelle les psychologues ont beaucoup de mal à entrer.

En effet, s'il s'agit d'exercer dans des institutions, les places sont très rares et s'il s'agit de s'installer en cabinet privé, c'est encore plus difficile car les psychothérapies pratiquées par des psychologues ne sont par remboursées par la Sécurité sociale.

Il devient donc très difficile aux psychologues cliniciens de gagner leur vie et une bonne partie d'entre eux survivent avec des temps partiels dans des institutions.

On peut se demander pourquoi les psychothérapies faites par des psychologues ne sont pas remboursées par la Sécurité sociale, du moins si elles sont pratiquées dans un cabinet privé, alors que celles faites par les psychiatres le sont.

Il avait été question que les psychologues soient considérés comme des auxiliaires médicaux sur le modèle des kinésithérapeutes et que les psychothérapies soient prescrites par un médecin et remboursées. Les psychologues, ou du moins les instances qui les représentaient, se sont opposés à ce système, estimant que leur formation leur permettait de pratiquer des psychothérapies et qu'ils étaient mieux à même que des médecins, qui la plupart du temps n'avaient pas cette formation, de décider qui pouvait ou non bénéficier de ce traitement.

Ce problème reste entier aujourd'hui même si des psychologues peuvent travailler dans les rares « réseaux » qui se sont constitués en psychiatrie, dans lesquels il existe une dérogation de la Sécurité sociale qui permet le remboursement d'un nombre limité de psychothérapies dont les indications sont portées en commun avec un psychiatre. Ce système est d'ailleurs celui qui a été recommandé dans un texte sur les réformes nécessaires à la psychiatrie (plan d'actions pour la psychiatrie et la santé mentale Cléry-Melin, Kovess, Pascal, 2005) qui a inspiré un plan lancé par le ministre de la Santé.

Certaines mutuelles, comme la MGEN, remboursent une partie des psychothérapies pratiquées par des psychologues cliniciens sous deux conditions : que ces derniers aient un DESS de psychologie clinique et que les patients aient rencontré une fois un psychiatre. Cette dernière condition correspond au questionnement actuel sur l'expérience clinique des psychologues et leur capacité à détecter des problèmes sévères qui ne sont pas des indications de psychothérapies.

Les psychanalystes

Les psychanalystes sont des personnes qui ont été jugées aptes par leur école à pratiquer des psychanalyses.

Tous les psychanalystes ont suivi une psychanalyse personnelle, expérience qui dure environ quatre ans et comprend des séances deux à trois fois par semaine. Ensuite, ils ont posé leur candidature à une école de psychanalyse qui les a évalués et ils se sont engagés à y suivre des séminaires de formation. Parallèlement, ils ont pris des patients en analyse sous supervision, c'est-à-dire qu'ils sont venus parler de leurs séances à un psychanalyste. Après cette période de supervision et de formation, qui dure généralement quatre à cinq ans, un jury a décidé qu'ils peuvent exercer de manière autonome, mais ils resteront affiliés à leur école pour une formation permanente qui comporte un suivi régulier de séminaires, des lectures et la rédaction de travaux.

Ces éléments et leur mise en œuvre peuvent être différents suivant les écoles, mais le principe est à peu près identique et la formation dure au minimum une dizaine d'années.

Il n'y a pas de préalable quant à la formation initiale pour devenir psychanalyste. Certains sont psychiatres, d'autres psychologues, mais il y a aussi des « ni ni » qui peuvent être des philosophes, des historiens. Certains ont fait l'École normale supérieure, d'autres des écoles de commerce, ou encore des études de droit. Il existe différentes écoles de psychanalyse dont les rapports sont assez conflictuels. On distingue essentiellement : les analystes « classiques » de l'Institut de psychanalyse, dont les membres sont très généralement psychologues ou psychiatres, et les « lacaniens » qui sont plus ouverts à la catégorie dites des « ni ni » (ni psychiatres ni psychologues). Les psychanalystes lacaniens se réclament de l'héritage de Jacques Lacan qui a fait évoluer la doctrine de Freud et sont plus ouverts sur les indications des psychanalyses qu'ils peuvent proposer à des personnes *borderline* voire psychotiques ; ils ont aussi des modalités de pratique plus variées : durée des séances qui peuvent être très courtes quand les analystes « classiques » se tiennent à quarante-cinq minutes. Parmi les lacaniens, on trouve encore plusieurs écoles ; chacune d'elles revendiquant la pensée lacanienne, et il existe aussi un groupe dit « le quatrième groupe », qui ne se réclame ni de l'Institut ni de l'héritage de Lacan.

C'est la catégorie des psychanalystes dits « ni ni » qui a posé problème lors de la définition du statut de psychothérapeute. En effet, les personnes de cette catégorie n'ont *a priori* pas fait d'études leur permettant d'acquérir des connaissances cliniques. Dans les faits, les écoles de psychanalyse ont des séminaires de formation clinique qui se déroulent dans les hôpitaux et permettent à leurs élèves d'être en contact avec des cas cliniques, et les écrits et séminaires sont toujours centrés sur des cas cliniques dont l'analyse des symptômes constitue l'essence même du séminaire, il est donc difficile de soutenir qu'ils n'ont pas de formation clinique.

Alors, quelle formation pour les psychothérapeutes ?

Les psychothérapeutes sont les personnes qui pratiquent des psychothérapies. C'est là que le bât blesse, car chacun d'entre nous peut se dire psychothérapeute.

Si le titre de psychiatre est sanctionné par des études de médecine, une spécialité et une inscription au conseil de l'ordre des médecins, celui de psychologue clinicien par un diplôme, un titre et une inscription dans les Drass (Directions régionales des affaires sanitaires et sociales), celui de psychanalyste par une école de psychanalyse, le titre de psychothérapeute n'est pas protégé et dans les faits il peut être porté par tout un chacun.

C'est de cette constatation qu'est née l'idée de l'amendement dit Accoyer qui a fait couler beaucoup d'encre et ce n'est pas fini.

Le sénateur Accoyer, ORL de son métier, s'est emparé de ce sujet après avoir été briefé par des associations de psychothérapeutes. Au départ, il proposait de créer un titre de psychothérapeute assorti d'une liste de techniques correspondantes, comme c'est le cas par exemple en Suisse ou en Allemagne.

Cette solution aurait permis une reconnaissance très large de toutes les techniques et éventuellement, à terme, leur remboursement. Le problème était alors de séparer le bon grain de l'ivraie et de décider quel type de psychothérapie était acceptable « scientifiquement » et quel type ne l'était pas. Ce débat doit aussi être placé dans le contexte de la lutte contre les sectes.

LES DÉRIVES SECTAIRES

En effet, les personnes qui ont des problèmes de santé mentale sont une proie idéale pour les sectes. Elles sont fragiles, cherchent désespérément des solutions et sont souvent peu attirées par la psychiatrie qui implique de reconnaître qu'on a un problème et qu'il faut le soigner, souvent dans le cadre d'une hospitalisation très redoutée ou d'une prise de médicaments psychotropes qui font peur et qui peuvent avoir des effets secondaires désagréables.

Les sectes recrutent dans les hôpitaux psychiatriques et se présentent souvent comme une alternative. L'Église de scientologie par exemple propose des thérapies : on présente une sorte de diagnostic sur les énergies vitales, puis on monnaie les différents traitements. Le discours est assez rassurant et les patients voient dans ces thérapies miracles la solution à leurs problèmes psychologiques et sociaux.

D'autres psychothérapeutes sont de vulgaires escrocs qui profitent individuellement de la crédulité des personnes en souffrance et de leur fragilité.

CONTRE LA PROLIFÉRATION DES THÉRAPEUTES AUTOPROCLAMÉS

Sans être des escrocs, certains thérapeutes proposent des interventions, par exemple des week-ends de thérapies contre des sommes parfois assez importantes, alors qu'en fait ils n'ont pratiquement aucune formation. On trouve ainsi des gourous qui professent et forment eux-mêmes des « thérapeutes autoproclamés », dont les techniques sont sans fondement reconnu. Même si certains d'entre eux sont de bonne foi et souhaitent aider les personnes, ces pratiques sont un problème car les personnes qui les suivent sont fragiles et vivent des situations difficiles et on leur fait croire que ces traitements qu'ils paient vont changer les choses, alors que ce n'est pas le cas.

Souvent, de plus, ces sortes de thérapies se font en groupe où chacun se doit de faire « sortir » son histoire dans une sorte de thérapie collective. Malheureusement, si d'une part le fait de « sortir » son histoire en public n'a jamais soigné personne, cela peut par contre précipiter des épisodes psychotiques et détériorer les personnes qui s'y prêtent, d'autant que celui qui met en place le groupe n'a pas la formation pour gérer ces problèmes.

Si les personnes qui assistent à ces sessions le font dans le contexte d'une amélioration de leur bien-être et sont conscientes que cela ne peut pas les soigner, on peut considérer qu'il s'agit d'une sorte d'activité de loisirs et que chacun fait ce qu'il veut de son temps libre. Dans ce cas, toutefois, il n'y a pas lieu d'appeler ces séances « psychothérapies », et les personnes qui les pratiquent « thérapeutes », car ces termes impliquent une idée de soin qui n'est pas justifiée.

En dehors des psychothérapeutes, dont la nature des psychothérapies qu'ils proposent peut être débattue, il existe par ailleurs de nombreuses autres personnes qu'on peut solliciter pour obtenir de l'aide.

Les autres intervenants

LE RÉSEAU SOCIAL : LA FAMILLE ET LES PROCHES

Les familles et proches de malades mentaux, parents mais aussi frères et sœurs et amis, dont certains font partie d'association comme l'Unafam (Union nationale des amis et familles de malades), jouent un rôle essentiel dans l'appui aux patients les plus sévèrement atteints, surtout dans le contexte d'une désinstitutionnalisation où la plupart des patients sont soignés en dehors des hôpitaux et où les solutions d'hébergement protégé sont trop peu nombreuses. Cette solution est loin d'être simple et les familles se plaignent d'y être en quelque sorte contraintes. La présence d'un proche souffrant d'une maladie mentale sévère est une pression importante : non seulement le patient peut avoir des crises violentes et de plus dirigées contre les membres de sa famille, mais il est difficile pour la famille d'avoir une vie sociale, de prendre des vacances, et les représentants des familles insistent sur leur besoin de soutien et de reconnaissance par les équipes soignantes.

D'un autre côté, l'influence de la famille sur les patients n'est pas toujours positive : en voulant aider et protéger, la famille peut limiter l'autonomie des patients qui parfois se retrouvent dans des engrenages qui leur pèsent, d'où l'importance des prises en charge familiales pour éviter cet écueil, d'autant que la grande majorité des parents souhaitent bien faire et sont prêts à beaucoup d'efforts pour que leur proche aille mieux.

Si les patients qui souffrent des troubles les plus lourds ont du mal à constituer un réseau social en dehors de leur famille proche et des soignants qui les prennent en charge ou d'autres patients comme eux, les personnes qui souffrent de troubles moins sévères ont un réseau plus élargi auquel elles peuvent faire appel en cas de problèmes et beaucoup d'études ont été faites sur l'influence du réseau social en cas de problèmes de santé mentale.

Le rôle du réseau social en cas de problèmes est dominé par deux observations : la première est que le fait d'avoir des amis sur qui l'on peut compter, qui sont disponibles et efficaces en cas de problème est en partie la résultante d'un bon état de santé mentale. Le maintien d'une amitié implique un certain degré de maturité, en particulier la gestion des échanges, dans un sens comme dans l'autre, et le choix de ses amis comme de son conjoint est en partie conditionné par son équilibre mental qui permet de porter un jugement adéquat et de réaliser ses désirs. Le second est que quand les personnes sont vraiment malades, dans le cas d'une dépression profonde par exemple, elles ne feront pas appel à leurs amis car, du fait même de leur dépression, elles estimeront qu'elles vont les gêner et que de toute façon personne ne peut rien pour elles.

Cela dit, il est certain que d'être entouré d'amis en cas de difficulté est une aide précieuse et permet de passer à travers les difficultés. Les amis sont à juste titre le premier recours. Il est d'ailleurs intéressant de constater que les personnes qui ont un réseau social bien fourni sont celles qui ont le plus tendance à entreprendre une psychothérapie en cas de problèmes de santé mentale. Cela signifie donc que le réseau social ne compense pas un besoin de soin, mais au contraire aide à formuler une demande et à y avoir accès.

LES LIGNES D'ÉCOUTE ET LES BÉNÉVOLES

Les lignes d'écoute se sont développées en partie dans le contexte de la prévention du suicide, et on peut trouver sur le site du ministère de la Santé les numéros de téléphone des principales associations qui fournissent de tels services.

L'effet de ces lignes d'écoute sur le suicide est complexe à évaluer, mais il ne fait aucun doute qu'elles sont utilisées.

Les bénévoles qui travaillent pour ces associations ont en général été sélectionnés par des professionnels de la santé mentale, souvent des psychiatres qui travaillent pour les associations et éliminent les personnes qu'ils trouvent inadéquates pour diverses raisons. Il existe aussi une sorte d'enquête de moralité. Les bénévoles reçoivent une formation sur les maladies mentales et le système de soins et la plupart de leurs interventions consistent à persuader les personnes qui les appellent de demander des soins spécialisés qu'ils ne sont pas à même de fournir.

Les associations qui gèrent les lignes d'aide ont des restrictions très strictes sur les rencontres, mais il existe aussi des associations qui offrent un point de rencontre aux personnes seules, aux sans-abri et qui emploient des bénévoles.

LES MINISTRES DU CULTE

Le fait de s'adresser à un représentant d'une religion, quelle que soit sa religion d'appartenance, est une démarche qui continue d'être relativement fréquente, bien qu'à des degrés divers suivant les pays.

Aux États-Unis, les ministres du culte sont considérés comme des professionnels en santé mentale et reçoivent une formation à cette fin. Ils sont mentionnés par les personnes lors des enquêtes et constituent un apport important dans la prise en charge de ces problèmes : 20 % des personnes qui ont demandé de l'aide pour un problème de santé.

En Europe, la situation est différente suivant les pays, par exemple en Italie le rôle des ministres du culte dans la prise en charge des problèmes de santé mentale est plus élevé que dans les autres pays et atteint 13 % des personnes qui ont demandé de l'aide.

En France, ce pourcentage est très bas : environ 6 % des personnes ayant demandé de l'aide au cours de leur vie disent s'être adressées à un ministre du culte (dont seul 1 % s'est adressé exclusivement à un ministre du culte pour leur problème).

Nous ignorons si les cultes concernés prévoient une formation particulière pour leurs représentants. En ce qui concerne la religion catholique, cette dernière s'appuie sur des psychiatres pour évaluer certaines personnes qui déclarent avoir été miraculées ou encore possédées, puisque les évêchés ont un service d'exorcisme, mais cette reconnaissance du fait psychiatrique n'implique pas une formation des ministres du culte à la gestion de ces problèmes.

GUÉRISSEURS, CHIROPRATICIENS...

On peut aussi avoir affaire à des guérisseurs, des personnes qui soignent par les herbes ou d'autres méthodes. Ces méthodes sont utilisées pour toutes sortes de maladies, dont les maladies mentales. On peut en rapprocher les techniques des guérisseurs de type vaudou ou encore les pratiques chamaniques.

Si au départ ces pratiques ont été décrites par les ethnologues dans des pays éloignés, les phénomènes de migration font que ces pratiques ont suivi les migrants et se sont développées en France. Dans un registre transculturel, le guérisseur peut avoir un rôle essentiel dans la gestion de la crise à travers le groupe familial et social, et plusieurs psychiatres ont travaillé avec des guérisseurs dont Coulomb à Dakar. Les guérisseurs connaissent généralement leurs limites, pour les problèmes de santé mentale comme pour les problèmes de santé physique, et il est important qu'une collaboration puisse s'établir dans le respect mutuel en cas de maladies sévères. Dans les faits, les patients et leur famille consultent souvent dans les deux systèmes. Dans une enquête récente, environ 2 % de la population des régions étudiées rapportaient avoir consulté pour un problème de santé mentale un guérisseur, un chiropraticien, un homéopathe non médecin, durant l'année écoulée ; ce pourcentage étant de 3 % en région Rhône-Alpes où ces pratiques semblent plus fréquentes ; dans 40 % des cas, il s'agissait du seul recours.

On voit donc que le recours au secteur dit informel est relativement fréquent.

CHAPITRE 11

Les psychothérapies

Les différentes psychothérapies

Les psychothérapies ont été définies comme un ensemble de méthodes psychologiques dont le but est de soulager une souffrance dans un cadre contractuel. Ce sont des techniques qui, comme leur nom l'indique, ont pour objet de soigner par la parole ; elles peuvent ou non s'accompagner d'un traitement médicamenteux. À partir de cette définition générale, on différencie les psychothérapies dont les effets ont été mesurés d'une manière ou d'une autre dans des revues scientifiques, et les psychothérapies sur lesquelles il n'existe que les écrits de leur auteur et ceux de leurs adeptes dans une revue qu'ils contrôlent totalement voire sur lesquelles il n'existe aucun texte de référence.

Seules les thérapies du premier type ont été évaluées dans un document d'ailleurs controversé de l'Inserm, car il est difficile de tracer la ligne entre les deux sortes ; on ne peut en effet mettre « dans le même sac » des pratiques qui reposent sur une longue expérience et sont faites par des personnes qui, pour ce faire, suivent une formation initiale et continue, reconnue par la communauté scientifique, avec des thérapies qui sont faites par des sortes de « gourous » autoproclamés dont les preuves de l'efficacité n'existent pas et qui sont des formes de charlatanisme.

Le document de l'Inserm décrit plusieurs techniques de psychothérapie dont les principales sont les psychothérapies dites cognitivo-comportementalistes (TCC), psychanalytiques ou psychodynamiques (TP) et transactionnelles ou familiales (TF). S'y ajoutent les psychothérapies de type psychoéducatif destinées à soutenir les patients et à les informer sur leur maladie et les traitements qu'ils suivent, auxquelles on peut intégrer les psychothérapies de soutien qui sont un accompagnement du patient pour l'aider à mieux vivre sa maladie.

Très schématiquement, les thérapies cognitivo-comportementalistes vont essayer de changer les modalités de pensée négative : peur d'une situation, sentiments dépressifs... Cela grâce à des exercices permettant de diminuer l'appréhension de ces situations en les apprivoisant par petites doses jusqu'à pouvoir contrôler la situation phobogène. Les TCC n'ont pas vocation à changer la personne, mais à la rendre consciente des angles de vue particuliers qu'elle utilise et qui font qu'elle craint des situations qui ne sont pas vraiment dangereuses ou qu'elle peut tout à fait maîtriser ; c'est une sorte de rééducation de la pensée. Dans un récent ouvrage, *Choisir sa psychothérapie* [1], elles sont appelées « thérapies prescriptives », en ce

1. *Choisir sa psychothérapie, les écoles, les méthodes, les traitements*, D. Widlöcher, M. Marie-Cardine, A. Braconnier, B. Hanin (dir.), Paris, Odile Jacob, 2006.

sens que le thérapeute sait ce qu'il faut faire à la personne pour qu'elle guérisse et le dit explicitement.

À l'opposé, les thérapies dites d'inspiration psychanalytique ou psychodynamiques postulent que le symptôme est l'expression d'un conflit inconscient et qu'il faut réaménager ce conflit par une technique basée, d'une part, sur le transfert envers l'analyste qui adopte une position neutre pour le faciliter et, d'autre part, par l'interprétation d'éléments qui permettent au sujet ce réaménagement. À noter que la disparition du symptôme n'est pas le but recherché en premier et qu'elle survient de surcroît, a-t-on pu dire, précisément grâce au fait que le traitement n'est pas centré sur le symptôme, mais en quelque sorte l'utilise pour mieux comprendre ce qu'il révèle ; ce sont les thérapies dites interprétatives.

On doit y ajouter les thérapies familiales qui utilisent les techniques dites transactionnelles, c'est-à-dire qu'elles analysent les interactions familiales qui assignent inconsciemment à chaque membre de la famille une place et un rôle qui le maintiennent dans une position de malade. La gestion de ces interactions dans le cadre de thérapies qui réunissent les membres de la famille permet de réaménager cette place et ainsi au patient de se dégager du rôle pathogène dans lequel il est enfermé malgré lui.

Il existe aussi une multitude de psychothérapies dites d'expression : hypnose, psychodrame, Gestalt, et autres thérapies psychocorporelles (cri primal, *training* autogène ou relaxation). Ces thérapies permettent d'exprimer un vécu corporel ou psychique.

La thérapie de groupe : une pratique encore rare

Dans une enquête sur la pratique des psychothérapies, 2 % des personnes qui ont suivi des psychothérapies l'ont fait sous cette forme et, quand c'était le cas, elles avaient pratiquement toujours suivi aussi une psychothérapie individuelle.

Les thérapies de groupe recouvrent une grande diversité de cadres et de théories. Ces techniques que l'on peut faire remonter au chamanisme et au culte de possession ont été utilisées tout d'abord aux États-Unis où elles sont beaucoup plus fréquentes qu'en France.

Elles y ont été théorisées, et ce sont les psychanalystes qui se sont intéressés les premiers à cette méthode. Aussi distingue-t-on généralement les psychothérapies de groupe de type analytique des psychothérapies non analytiques.

Dans le cadre psychanalytique, elles ont été utilisées pour le traitement des enfants et des adolescents ; ces psychothérapies utilisent le groupe pour favoriser le traitement individuel.

Par la suite, les psychanalystes ont utilisé le groupe par lui-même et ont théorisé ses effets, en particulier la régression induite par le groupe, qui permet des possibilités thérapeutiques particulières.

Il existe aussi une forme de psychothérapie dite psychodrame, basée sur un jeu de rôles permettant aux patients de revivre certaines situations. Si le psychodrame s'est différencié de la psychanalyse, ce n'est pas le cas en France où il existe une école qui utilise le psychodrame analytique et qui a théorisé ses indications par rapport aux psychothérapies analytiques individuelles.

Les psychothérapies non psychanalytiques se sont développées aux États-Unis à partir de la psychosociologie : l'accent est mis sur la dépendance de l'individu face à son environnement social. C'est ainsi que l'observation des relations à l'intérieur d'un groupe a donné naissance aux techniques de dynamique de groupe, qui permettent de repérer les processus d'organisation des groupes. On en rapproche les mouvements dits californiens qui utilisent en groupe des théories à forte composante corporelle : bioénergie, Gestalt et cri primal.

Ces théories s'adressent à un public très différent et leurs buts ne sont pas identiques.

Ainsi la dynamique de groupe peut aussi être utilisée dans des contextes professionnels lors de réunions destinées à repérer certains mécanismes pour améliorer l'organisation du travail.

Les groupes de parole d'inspiration psychanalytique ont un but thérapeutique, ils proposent un cadre basé sur les associations libres et l'abstinence, c'est-à-dire une interdiction des relations personnelles entre le thérapeute et les participants ou entre ces derniers en dehors des séances, ainsi bien entendu que la règle de discrétion qui s'applique à tous et ce afin de bien différencier le monde intérieur du groupe et le monde extérieur.

La formation aux psychothérapies

Les techniques psychothérapeutiques sont enseignées dans des écoles qui ne sont généralement pas intégrées à l'enseignement universitaire.

Par exemple, chaque étudiant psychiatre ou psychologue peut choisir de se former à l'une d'entre elles en fonction de ses stages ou de ses lectures. Comme il existe en France un antagonisme très fort entre les différentes écoles de psychothérapie, la plupart choisiront une école en excluant les autres. Ceci est déjà problématique en soi, car en fait chacune de ces différentes techniques a son intérêt et les psychiatres peuvent difficilement orienter un patient s'ils n'ont pas été formés à toutes les techniques. De plus, ce système fait que certains psychiatres n'ont été formés à aucune d'entre elles bien que cette compétence leur soit reconnue de fait.

Encore récemment dans le cadre du débat sur le statut des psychothérapeutes, la question de la formation des psychiatres aux techniques de psychothérapie a été abordée et des propositions précises ont été faites par le collège des professeurs de psychiatrie. Celles-ci ont été reprises pratiquement *in extenso* dans le plan pour la psychiatrie et la santé mentale cité plus haut où il a été proposé d'intégrer une formation systématique aux trois grandes techniques de psychothérapie et à leurs indications respectives dans le cadre de la formation à la psychiatrie, et ceci dans toutes les facultés de médecine, ce qui n'est pas le cas actuellement.

Peut-on évaluer les psychothérapies ?

Quelle thérapie, par quel thérapeute, pour quel type de problème et dans quelle circonstance ?

Les difficultés de l'évaluation des psychothérapies résident à la fois dans la définition du résultat et dans celle du traitement. De plus, les thérapies ne peuvent être jugées dans l'absolu. En fait, il faut mettre en relation un type de thérapie avec un type de trouble.

Il faut tout d'abord définir le traitement avec précision : la formation du thérapeute, le nombre de séances, leur durée. Il faut aussi tenir compte du patient, de ses symptômes, bien sûr, mais aussi du fait qu'il adhère au traitement et qu'il y a dans toute thérapie un effet « prise en charge » rassurant et bénéfique en tant que tel, qu'on peut considérer comme placebo puisqu'il sera ressenti quelle que soit la technique employée. De plus, le patient vit sa vie qui est émaillée de circonstances et d'événements ayant une influence sur son état.

Les évaluations des différentes psychothérapies doivent aussi être rapportées par type de pathologie, par exemple une thérapie qui réussit bien avec les troubles de personnalité peut beaucoup moins bien fonctionner avec des troubles psychotiques comme la schizophrénie.

Même pour la schizophrénie, la phase à laquelle la thérapie est appliquée peut donner lieu à des efficacités diverses suivant qu'on est en phase aiguë ou de stabilisation.

Pour ce qui est de l'évaluation, les TCC ont une longueur d'avance sur les autres techniques. Elles s'adressent à des troubles précis : symptômes phobiques, obsessions ou idées dépressives et sont très protocolisées – nombre de séances et description du contenu des séances. Les évaluations sont conduites en comparant le groupe des personnes traitées avec celui de personnes comparables non traitées, dit groupe contrôle tiré au sort et à qui on ne propose pas de thérapie.

Dans les troubles anxieux (phobies spécifiques, sociale, anxiété généralisée ou TOC), l'efficacité des TCC est largement établie par de nombreuses études. Les thérapies dites psychodynamiques ou d'inspiration psychanalytique sont cependant évaluées tout aussi positivement dans la prévention des attaques de panique et l'anxiété post-traumatique.

Dans ces comparaisons, le devenir à long terme reste une question essentielle. Les tenants des psychothérapies psychanalytiques estiment que les TCC suppriment le symptôme, mais pas le problème et que la personne soignée déplacera simplement celui-ci en l'exprimant d'une autre façon.

Inversement, les tenants des TCC soulignent que nombre de personnes qui ont suivi une thérapie psychanalytique ont conservé des symptômes invalidants et qu'a l'opposé les symptômes qu'ils font disparaître ne sont pas réapparus avec le temps et ne semblent pas avoir été remplacés par d'autres ; cependant aucune étude sur les effets des TCC n'a été conduite sur le long terme (au-delà d'un ou deux ans).

En ce qui concerne les effets des différentes psychothérapies sur les troubles dépressifs, les études montrent des effets positifs des thérapies psychodynamiques et des TCC et ceci quelle que soit l'intensité de ces troubles. À noter que dans les formes de dépression d'intensité moyenne ou légère, les thérapies de type TCC ou dites d'inspiration analytique sont supérieures aux antidépresseurs.

Par contre, pour les troubles maniaco-dépressifs, ce sont les thérapies familiales qui ont été jugées le plus positivement en conjonction avec les médicaments dont ils améliorent l'observance. Les autres types de thérapie n'ont pas été évalués.

Les TCC et les thérapies psychodynamiques semblent efficaces dans les troubles du comportement alimentaire : boulimie et anorexie. Par contre, ce sont les thérapies familiales et les TCC qui sont les plus efficaces pour les problèmes avec l'alcool (abus et dépendance), tandis que ce sont les thérapies psychanalytiques qui sont les plus efficaces dans les troubles de la personnalité. Ceci peut s'expliquer par le fait que l'accoutumance à un produit crée une sorte d'habitude en soi qu'on ne peut pas combattre seulement par la réflexion mais par des techniques qui changent le comportement, quitte, dans un second temps, quand le problème de dépendance est résolu, à aborder les problèmes psychiques qui sous-tendent cette dépendance avec des techniques qui mettent alors en jeu l'introspection.

À l'inverse, les troubles de la personnalité mettent en jeu toute une série de manières d'être au monde qui constituent en quelque sorte l'ossature de la personne ; ces troubles ne peuvent être modifiés que par un traitement à long terme qui passe par un regard approfondi sur soi-même, encore que tous les troubles de la personnalité ne soient pas accessibles à ce type de traitement.

Pour ce qui est de la schizophrénie, les thérapies de type psychodynamique ne sont pas efficaces en phase aiguë, contrairement à un effet positif et à court terme des TCC et un effet à long terme des thérapies familiales. Par contre, une fois le patient stabilisé, les résultats sont plus nuancés en particulier sur les psychothérapies psychodynamiques qui comme les TCC et les thérapies familiales ont des effets positifs.

On voit donc que ces différentes techniques ont des effets bien établis et que ces effets ne sont pas les mêmes suivant les problèmes et parfois suivant l'intensité ou la phase du problème.

Où sont les vraies limites de la psychanalyse ?

Les limites de la psychanalyse viennent du patient, de son état clinique et de ses motivations.

Un psychiatre psychanalyste américain relativement âgé, Leo Eisenberg, rappelait que dans les années 1960 la psychanalyse était toute-puissante aux États-Unis. À une époque où il n'existait pratiquement aucun traitement alternatif, la psychanalyse était considérée comme le traitement de toutes les maladies mentales et était, à ce titre, enseignée dans toutes les facultés de médecine. Les résultats n'étaient pas évalués, mais cela ne semblait pas essentiel.

Les choses ont évidemment beaucoup changé, et est arrivée l'époque des médicaments psychotropes, puis celle des thérapies cognitivo-comportementales et des résultats basés sur la preuve scientifique avec comparaison et groupes contrôle.

Sans avoir disparu, la psychanalyse est de plus en plus minoritaire aux États-Unis, où elle reste cependant active, mais en France et en Amérique du Sud, particulièrement en Argentine, elle a encore un statut important.

Les modalités de traitement ont aussi évolué : de la cure psychanalytique classique basée sur plusieurs séances par semaine pendant plusieurs années et dont la durée peut être variable suivant les écoles, on est passé à une thérapie dit d'inspiration psychanalytique ou psychodynamique dans laquelle les principes opérants de la psychanalyse sont conservés mais où les modalités sont assouplies : thérapies brèves, séances plus espacées et moins nombreuses.

L'Institut de psychanalyse qui, nous l'avons vu, forme des professionnels de la santé mentale, psychiatres et psychologues, traite essentiellement les névroses, tandis que les écoles lacaniennes ont des indications plus larges. Elles proposent des psychanalyses à des personnes présentant des états limites, voire à des patients souffrant de psychoses.

Dans tous les cas, le désir du patient est essentiel car il s'agit de traitements longs et coûteux. La capacité du patient à opérer un transfert sur l'analyste et à pouvoir entendre les interprétations de ce dernier est aussi déterminante. Ces éléments sont évalués lors des entretiens préliminaires. Il faut savoir cependant que la psychanalyse n'est pas le traitement de symptômes aigus. C'est une thérapie sur le long terme qui peut s'entreprendre précisément quand ces symptômes se sont atténués et que leur signification pourra être saisie. Les effets de la psychanalyse sont à long terme et portent sur une réorganisation de la personne à partir d'un cheminement intérieur suscité et conduit par un professionnel très spécialisé.

Non seulement la psychanalyse peut constituer un traitement sur une base individuelle ou de groupe, mais elle peut inspirer les traitements hospitaliers et la prise en charge institutionnelle des patients même les plus sévères dans le cadre de la psychothérapie dite institutionnelle, où elle permet de mieux prendre en compte l'unicité de l'expérience de la maladie et de son vécu par les patients et les attitudes et réactions des soignants et des proches.

CHAPITRE 12

Les médicaments psychotropes

Les médicaments psychotropes sont des médicaments qui agissent sur le cerveau. Nous retiendrons la définition du terme psychotrope, proposée par Delay et Deniker en 1957 : « Les psychotropes sont des substances chimiques d'origine naturelle ou artificielle, qui ont un tropisme psychologique, c'est-à-dire qui sont susceptibles de modifier l'activité mentale sans préjuger du type de cette modification. »

Des médicaments simples

Ils se divisent en classes suivant leurs effets : les antidépresseurs *a priori* contre la dépression, les anxiolytiques contre l'anxiété, dont certains sont utilisés comme somnifères, les hypnotiques n'étant pratiquement plus utilisés à cet effet étant donné leurs inconvénients ; viennent ensuite les neuroleptiques ou antipsychotiques contre les délires, dont on distingue les classiques et les nouveaux, qui auraient moins d'effets secondaires que les premiers, et les régulateurs de l'humeur pour le trouble bipolaire qui évitent les fluctuations exagérées et prévient les rechutes.

On peut ajouter à cette liste les stimulants comme les amphétamines dont la Ritaline est la plus connue pour son utilisation paradoxale dans l'hyperactivité des enfants.

On utilise aussi des médicaments particuliers pour les problèmes de dépendance à l'alcool, pour laquelle il existe des médicaments ayant des effets aversifs, et des médicaments substitutifs des drogues comme le Subutex. Les médicaments qui diminuent l'appétit peuvent éventuellement être ajoutés à cette liste lorsqu'ils traitent des troubles de l'alimentation.

Pour quels troubles, quels effets, quelle durée ?

La liste des troubles pour lesquels les psychotropes doivent être prescrits figure sur leur notice et fait l'objet d'une autorisation de mise sur le marché dite AMM.

Les laboratoires pharmaceutiques font des recherches sur des molécules qui passent par différentes étapes destinées à étudier leurs effets tant bénéfiques que toxiques, d'abord en laboratoire, puis sur des animaux, avant d'être appliquées sur des volontaires sains, puis sur des patients à titre expérimental, pour enfin être mises à disposition des médecins et des patients.

La mise au point d'un nouveau médicament prend d'une dizaine à une quinzaine d'années et son coût est tellement élevé qu'elle se déroule sur un plan international.

Il faut ensuite demander l'autorisation soit au niveau européen, soit pour chaque pays. Le dossier de demande est évidemment très complexe. Aux États-Unis, c'est la Food and Drug Administration qui décide, en France c'est une commission particulière devant laquelle les firmes doivent présenter leurs produits. L'AMM stipule les troubles et les symptômes ainsi que les âges auxquels les médicaments peuvent être prescrits, et il est important pour les firmes pharmaceutiques que leur produit puisse être prescrit pour des troubles les plus nombreux possibles.

Ainsi certains antidépresseurs sont-ils autorisés non seulement pour traiter la dépression, les troubles obsessifs, certains troubles de l'anxiété (trouble panique, phobie sociale), mais aussi pour les douleurs chroniques. Dans une enquête européenne récente, une personne sur deux qui rapportait avoir pris un antidépresseur en France souffrait d'un trouble qui n'était pas une dépression et ce pourcentage était le plus élevé des pays d'Europe qui participaient à l'enquête.

Bien entendu, pour obtenir ces autorisations, les firmes déposent des dossiers qui établissent les effets dans toutes les maladies qu'ils sont supposés traiter.

Le médicament doit aussi avoir un prix, fixé en partie à partir du service médical rendu, c'est-à-dire de son apport par rapport aux médicaments existants déjà sur le marché pour les mêmes maladies.

Tout ceci s'applique à tous les médicaments dont les médicaments psychotropes.

La France, un des pays les plus consommateurs

D'une façon générale, la France est un pays très consommateur de médicaments et, partant, de médicaments psychotropes, à une exception près : la France consomme beaucoup moins de Ritaline que les autres pays. Par contre, les prescriptions de psychotropes pour les enfants ne sont pas inférieures aux autres pays. Ceci est dû au fait que la première prescription doit être faite en milieu hospitalier et que les pédopsychiatres hospitaliers étant plutôt d'orientation psychanalytique, ils ont tendance à peu en prescrire.

Les psychotropes peuvent, à cette exception près, être prescrits par tout médecin généraliste et spécialiste, et d'ailleurs ce sont les généralistes qui prescrivent quantitativement le plus de psychotropes.

L'organisation des soins favorise ces prescriptions puisque les personnes se tournent vers les généralistes qui ont peu de temps pour gérer ces problèmes, une certaine habitude à prescrire des médicaments et peu d'alternatives puisque les soins des psychologues ne sont pas remboursés.

On a ajouté que les firmes pharmaceutiques disposent de visiteurs médicaux qui rencontrent régulièrement les médecins et leur exposent les effets bénéfiques des produits. Face à ces critiques, l'industrie a proposé de distribuer les recommandations de bonne pratique éditées par la haute autorité en santé.

On a aussi reproché aux firmes d'organiser la formation des médecins, de les inviter à des congrès dans lesquels on vante les effets bénéfiques de leurs produits. Il est certain que la France a beaucoup de mal à mettre en place une formation continue des médecins indépendante de l'industrie pharmaceutique. Cependant, il ne faut pas exagérer l'endoctrinement des médecins. La plupart du temps, les formations continues sont faites par des universitaires sur lesquels, dans les faits, les firmes n'exercent pas de pression pour leur faire parler de leur produit, qui est présenté séparément dans une session individualisée. De plus, les médecins restent libres de leur prescription, même si des dérives sont bien entendu possibles. On doit ajouter que tout médecin recevant une somme d'argent pour quelque service que ce soit doit le déclarer à l'ordre des médecins et qu'il a besoin de cette autorisation pour faire la prestation demandée. L'ordre des médecins est lui-même très vigilant à ce que les médecins ne s'engagent pas à commettre des actes qui iraient contre l'éthique médicale, et toute rémunération basée sur un nombre de prescriptions d'un produit est passible de poursuites graves.

Plus inquiétant reste le fait qu'il n'existe pas ou peu de recherche indépendante de l'industrie sur les médicaments. Cependant, les risques financiers encourus si l'on met sur le marché un médicament ayant des effets secondaires sont tels qu'il n'est pas raisonnable de penser que cela puisse être fait sciemment.

Les psychotropes ont-ils une influence sur la limite entre le normal et le pathologique ?

Un autre point a été soulevé : celui de l'influence des médicaments sur la vision des maladies et leur classification. Le fait d'avoir des médicaments antidépresseurs a-t-il une influence sur la description de la dépression ? Certains ont accusé les firmes d'exercer une influence sur la classification en y faisant entrer des troubles avec des seuils de plus en plus bas pour pouvoir ensuite les considérer comme des maladies à soigner.

Cette influence peut être insidieuse, par exemple on reconnaît les phobies sociales qui sont des troubles très sévères qui surviennent chez des sujets jeunes et peuvent les handicaper dans leurs études et leur vie professionnelle, mais on peut aussi décrire les sujets exagérément timides, les inclure dans les classifications des maladies et proposer de leur donner le même traitement qu'aux phobies sociales constituées, ce qui agrandit évidemment le marché. La même tendance pourrait être proposée pour les troubles dits prépsychotiques qu'on peut proposer de traiter pour éviter l'apparition d'une psychose par des antipsychotiques.

Si les classifications ont beaucoup évolué ces vingt dernières années et ont certainement été influencées par les symptômes que les médicaments font disparaître, force est de reconnaître aujourd'hui qu'on évolue plutôt vers une restriction de la définition des maladies. Ceci se fait d'ailleurs en réaction au fait qu'un trop grand nombre de personnes présentent un diagnostic à un moment donné et que les États ne peuvent prendre en charge une telle quantité de personnes.

Il y a donc des contre-effets assez puissants à la surconsommation et à la surprescription.

Quand prendre un médicament psychotrope et comment arrêter ?

Il y a des cas où prendre un psychotrope ne semble guère discutable : en cas de maladies sévères, quand le patient est en phase aiguë (délire, dépression avec risque suicidaire, état maniaque). Dans ces cas, les médicaments ont transformé la prise en charge des patients et le devenir de la maladie.

Ce qui pose question est plutôt la durée de la prise médicamenteuse, une fois que l'état aigu est résorbé. On sait que les antidépresseurs mettent une semaine, ou plus généralement deux, à faire de l'effet et qu'ils doivent être prescrits à certaines doses pour être efficaces. Le traitement doit durer au moins trois mois. La plupart du temps, l'antidépresseur est efficace, mais parfois le patient ne répond pas au traitement et il faut changer de médicament.

Une fois la crise aiguë passée se pose la question de l'arrêt du traitement : en principe, le patient ne rechute pas à l'arrêt du traitement qui a duré de trois à six mois, les patients n'ont plus à prendre ce traitement, et il n'y a *a priori* pas d'accoutumance aux antidépresseurs, quoiqu'en fait on s'aperçoit qu'un certain nombre de patients prennent ces médicaments une année, voire plus.

On rappelle que le traitement recommandé de la dépression est une association médicaments/psychothérapie, et que la psychothérapie est essentielle dans la prévention des rechutes.

Les questions qui se posent concernant les antidépresseurs sont de deux ordres. La première est de savoir à partir de quelle intensité un traitement médicamenteux est requis. En effet, la dépression est un état relativement fréquent, mais la grande majorité de ces états va disparaître spontanément en quelques mois. D'autres ne régresseront pas, et c'est pour ces cas qu'une prescription est nécessaire. On classe généralement les dépressions suivant leur intensité et les autres troubles qui les accompagnent : présence concomitante d'un trouble anxieux ou d'un trouble de l'usage de substances. Les dépressions dites légères, voire de moyenne intensité, ne nécessitent pas la prescription d'antidépresseurs, tandis que ce traitement est indiqué dans les dépressions sévères. Il semblerait cependant que des personnes présentant des dépressions légères qui ne seront que passagères se voient prescrire des antidépresseurs et qu'inversement des personnes qui souffrent de dépression très sévère ne s'en voient pas prescrire. C'est tout le problème de la formation des généralistes et des relations entre psychiatres et généralistes.

Même dans les cas très sévères, les personnes n'ont pas à prendre des médicaments toute leur vie, sauf dans le cas très particulier de la maladie maniaco-dépressive pour laquelle la prise de régulateurs de l'humeur, qui ne sont pas des antidépresseurs mais des thymorégulateurs, permet d'éviter les accès dans un sens ou dans l'autre.

Le cas des anxiolytiques est plus complexe, car ils ont un pouvoir addictif certain et rapide, aussi a-t-on émis la règle de ne pas les prescrire plus d'un mois d'affilée.

Ils sont le traitement des troubles de l'anxiété dans leur phase aiguë, mais doivent être relayés ensuite par une psychothérapie appropriée.

Les antipsychotiques

Les antipsychotiques ont des effets secondaires qui sont mal tolérés et conduisent les patients à interrompre prématurément leurs traitements, ce qui les fait rechuter.

Les neuroleptiques ou antipsychotiques sont prescrits principalement pour des problèmes de type psychotique, c'est-à-dire qui s'accompagnent de délires et de pertes de contact avec la réalité.

La durée de prise des antipsychotiques dépend évidemment du diagnostic porté. Il peut s'agir d'un premier épisode délirant, quelquefois dans le contexte d'une prise de toxiques ou de stress important, et les neuroleptiques sont là pour calmer la crise. La personne retombe alors sur ses pieds très rapidement : par prudence, on recommande de les continuer six mois ou un an et ils sont ensuite arrêtés.

La situation est évidemment différente quand il s'agit d'une personne qui a eu de nombreuses crises de délire et ne retrouve jamais son état antérieur. Dans ces cas, le traitement doit se prendre à très long terme, même si l'on peut essayer de l'arrêter progressivement après une longue période de rémission.

Les nouveaux antipsychotiques sont supposés améliorer la prise continue de ces médicaments, car ils auraient moins d'effets secondaires, mais il semblerait que les effets secondaires se produisent en fait pour tous les antipsychotiques : effets sur la vie sexuelle, effets sur l'attention, prise de poids. Les nouveaux antipsychotiques sont beaucoup utilisés actuellement, en particulier pour les patients qui font un premier épisode psychotique ; ils coûtent beaucoup plus cher que les antipsychotiques classiques et font l'objet, de ce fait, d'une controverse car certains leur dénient toute différence. Le service de santé britannique aux prises avec les demandes des familles a édité sur son site de référence internationalement reconnu, NICE (National Institute for Clinical Excellence), des recommandations pour leur usage.

Des alternatives pour les problèmes les moins sévères

Les psychotropes sont donc très utiles, voire indispensables dans certains cas, et inutiles, voire nuisibles dans d'autres. Ils sont beaucoup moins utilisés en Allemagne où les patients se servent plutôt de plantes à effet antidépresseur, ou en Hollande où le recours aux psychothérapies est grandement facilité. Les traitements homéopathiques, les sédatifs légers peuvent être tout à fait utiles en cas de symptômes modérés ; une étude conduite en milieu hospitalier révélait qu'un verre de lait chaud donné par une infirmière bienveillante était plus efficace qu'un médicament pour soulager l'angoisse des patients ; la même chose a été dite pour l'écoute de la musique.

Les placebos ont aussi des effets sur les maladies mentales quand ces dernières ne sont pas très sévères (comme dans toutes les maladies pas trop sévères).

CHAPITRE 13

Peut-on guérir d'un trouble psychiatrique ?

Le mythe de la guérison

Qu'appelle-t-on guérison ? Les médecins ont une expression particulière, « restitution *ad integrum* », qui signifie que le patient est exactement dans le même état avant et après sa maladie ou son accident. Dans le domaine de la santé mentale, cela signifierait que la personne qui a eu un problème à un moment donné est exactement comme elle était avant que ce problème ne soit apparu.

En fait, cela est impossible, et ce pour au moins deux raisons. La première est que l'expérience d'un problème de santé mentale est une expérience forte dans la vie d'une personne et que, bien entendu, même si cette personne ne vit plus les symptômes, elle sait que cela lui est arrivé, cela change son vécu et elle n'est donc plus pareille.

Il y a aussi l'idéalisation de l'avant par rapport à l'après, cette idéalisation de l'avant est commune à beaucoup de domaines, en particulier en psychiatrie. Beaucoup de professionnels pensent qu'aujourd'hui la situation des soins en psychiatrie est moins bonne qu'avant, sans se souvenir qu'il y a une vingtaine d'années existaient des situations terribles qui n'existent plus aujourd'hui. Sur un plan individuel, la plupart des personnes idéalisent leur jeunesse et estiment facilement que tout était plus rose avant, gommant de leur mémoire les moments pénibles. Ce sont des mécanismes tout à fait normaux, et nous notons dans nos enquêtes de santé mentale à quel point les personnes se contredisent d'une période à une autre : les sentiments désagréables sont, chez la plupart, oubliés au fur et à mesure.

L'oubli est une solution comme une autre, et d'ailleurs le fait de ne pas en parler ne veut pas forcément dire oubli complet. De plus, cette mise à distance est plus ou moins facile suivant les problèmes et les conséquences qu'ils ont eus sur la vie de cette personne.

Quand une personne a vécu un problème grave comme un épisode délirant qui a fait peur à son entourage, voire l'a conduite à être hospitalisée contre son gré, elle ne peut pas oublier cette expérience, surtout parce que le vécu délirant est particulièrement angoissant.

La personne craint que cela recommence et perd confiance en elle. Ceci est d'autant plus fort que son entourage a des stéréotypes négatifs sur la folie, pense, par exemple, qu'on ne peut pas en guérir et a peur d'elle par la suite. L'entourage est lui-même très influencé par les idées véhiculées par la société. Au total, plus la stigmatisation est importante, plus la situation est difficile pour les personnes qui ont vécu une telle expérience : une image très négative d'elles-mêmes leur est renvoyée, notamment dans leur milieu professionnel, mais aussi dans leurs relations affectives les plus proches.

Les convictions de l'entourage et l'image de la maladie dans la société ont un effet très important sur le regard que peut porter une personne sur elle-même.

L'OMS a lancé des campagnes de déstigmatisation, constamment demandées par les familles et les patients qui se plaignent notamment de discrimination à l'embauche ou pour trouver un logement. Certaines personnes célèbres, artistes ou personnalités politiques, ont accepté de venir parler de leur maladie mentale et de leurs difficultés à affronter la société « après ».

À côté du regard « social », il y a aussi bien entendu l'intégration de cet épisode par la personne elle-même, l'intégration dans la vie intime, dans l'histoire personnelle de cet épisode douloureux, pour en faire quelque chose qui puisse faire sens. C'est un des apports les plus notables, humainement et cliniquement, de la psychanalyse lacanienne qui s'est particulièrement intéressée à la psychose qu'elle a permis de théoriser et de prendre en charge d'une manière unique qui reconnaît la place du sujet et mise sur l'importance de l'intégration de l'expérience dans cette perspective.

Cette approche n'est d'ailleurs pas opposée à l'approche médicamenteuse : il y a un temps pour tout, et les médicaments ne sont pas antinomiques avec ce travail sur soi-même. Cette intégration à sa propre histoire ne peut, par contre, pas être gérée par une approche médicamenteuse exclusive, dont les bases reposent sur une explication purement mécanique du trouble mental.

Certes, nous l'avons dit, un délire est certainement dû à une perturbation des influx nerveux dans le cerveau et peut trouver son origine dans une susceptibilité génétique en interaction avec un environnement, mais cette expérience arrive à une personne qui n'est pas que la résultante de ses neurones et de son environnement, et on se doit de soigner aussi cette humanité-là.

L'approche médicamenteuse exclusive reviendrait à mettre de côté une zone infectée, comme le fait le programme antivirus d'un ordinateur, en laissant le reste fonctionner à part.

Cette intégration de la maladie dans l'histoire du sujet et la prise en compte des facteurs déclenchants qui sont retrouvés pour les troubles psychotiques comme pour les autres conditionnent donc en grande partie le devenir de la maladie.

On doit y ajouter des informations adéquates sur les médicaments, leur cible et leurs effets secondaires, une information adéquate et un soutien aux proches pour les aider eux aussi à regarder la personne malade non comme un malade potentiellement dangereux, mais comme leur fils, leur fille, leur conjoint ou ami qui a eu un mauvais passage, mais qui les aime autant qu'« avant » et a besoin d'un regard réassurant. L'intégration sociale est aussi un élément du devenir. Les patients se plaignent d'être exclus du monde dit « normal », c'est-à-dire du monde du travail et de la famille. Dans un contexte professionnel difficile, les personnes qui ont été ainsi fragilisées ont évidemment un handicap, mais beaucoup d'entre elles trouvent un travail et un compagnon ou une compagne. Cela reste cependant fonction du type de troubles et, devant les difficultés, il a notamment été proposé d'abandonner ces objectifs et de proposer d'autres types d'intégration par la culture et d'autres formes de participation.

Dans tous les cas, les personnes même parfaitement intégrées dans une vie enrichissante, ne seront jamais exactement comme avant et cela leur donne une profondeur, une richesse et une maturité, qu'il s'agisse de troubles plus courants comme la dépression et l'anxiété ou de troubles comme des délires ou une dépendance à la drogue ou à l'alcool.

Le mythe de la chronicité

Contrairement aux idées reçues, la plupart des maladies mentales ne sont pas chroniques. Une des études les plus importantes de suivi de cohortes de personnes en population générale, a montré qu'après trois mois, la moitié des personnes qui étaient déprimées suivant les critères des classifications du DSM-IV ne le sont plus, et qu'après six mois ce sont presque les trois quarts de ces personnes qui ne le sont plus. La plupart des épisodes sont donc passagers, même si certains rechutent après quelques années.

Le trouble est dit chronique s'il persiste plus de six mois, et il existe bien sûr des personnes qui sont déprimées sur de longues périodes, ce qui ne veut pas non plus dire toute leur vie.

Les facteurs de chronicisation de la dépression ont eux-mêmes été largement étudiés. C'est d'ailleurs sur la durée de la dépression que l'effet des facteurs sociaux est le mieux établi. Les personnes qui vivent en milieu défavorisé guérissent moins vite que les autres, ainsi que celles qui vivent des difficultés chroniques comme d'avoir à prendre soin d'une personne handicapée. Le fait de ne pas avoir accès à un traitement adéquat est aussi un facteur de chronicité, et on ne saurait trop répéter que les médicaments, quand ils sont indiqués, c'est-à-dire en cas de dépression « maladie », celle qui touche un très faible pourcentage de la population, ne peuvent pas guérir sans un appui psychothérapeutique dont l'intensité dépendra de la demande des patients mais qui doit leur être proposée et explicitée.

Un autre phénomène participe à une vision négative du devenir des malades : les psychiatres et les soignants ne voient que leurs échecs. Ils ne disposent d'aucun élément de suivi des patients et par conséquent ils ne voient que ceux qui reviennent. Rares sont les patients et les familles qui informent leur psychiatre de ce qu'ils deviennent dans la vie, ce qui ne veut pas dire que cela n'arrive pas, mais c'est l'exception plutôt que la règle. Cette absence de vision du devenir des patients et sa réduction du côté des évolutions les plus négatives font que les personnes les plus en contact avec les patients véhiculent l'idée que ces maladies sont chroniques et que leur évolution négative est inéluctable, alors que certaines personnes souffrant des troubles même les plus sévères comme la schizophrénie, peuvent avoir un devenir moins sombre qu'on ne le pense généralement.

En dehors de certaines maladies comme les psychoses dont, incontestablement, il existe des cas à évolution très chronique qui seront très handicapés dans leur autonomie et pour lesquels une aide sera nécessaire toute la vie ou presque, la plupart des personnes qui ont eu des symptômes sévères de dépression et d'angoisse vont aller mieux après un temps variable et cela ne leur arrivera plus jamais.

Il faut aussi tenir compte du fait que les problèmes de santé mentale sont très fréquents, et les personnes qui en sont atteintes ou dont un membre de la famille est atteint ne font pas de publicité sur le sujet, tendent à garder ces épisodes les plus cachés possible, aussi leur entourage social les ignore généralement. Ceci fait que les problèmes des autres sont très sous-estimés et que leur devenir positif l'est tout autant. De très nombreuses personnes ont vécu des moments très difficiles, pendant de longues années, et vont ensuite très bien. Elles ont finalement trouvé une issue dans la créativité, l'amour, l'amitié ou une tout autre passion et leur différence est devenue, après un long cheminement très douloureux, une richesse, mais ce devenir est ignoré.

CHAPITRE 14

Peut-on évaluer les risques de péter un câble et les prévenir ?

Si l'on posait à un cardiologue la question de savoir si n'importe qui pourrait faire un infarctus, sa réponse ne serait pas simple, mais il en ferait une.

Il dirait qu'il y a des facteurs familiaux et interrogerait sur d'éventuels décès pour causes cardio-vasculaires dans la famille : infarctus, hémorragie cérébrale, sur l'existence de formes non mortelles ou encore d'une hypertension sévère.

Viendraient ensuite certains facteurs de risque, comme une élévation du cholestérol, familiale ou non, et un facteur majeur, le stress. Le cardiologue poserait aussi des questions sur les méthodes de gestion de ce stress, sur l'utilisation du tabac, de l'alcool, mais aussi la façon de se nourrir qui peut amener à un surpoids, autre facteur de risque. Il parlerait des facteurs de protection, comme la pratique d'un sport, non pas de temps en temps ou le week-end, mais plusieurs fois par semaine, même pour des durées modérées. En effet, le stress et surtout les méthodes de gestion du stress sont des éléments essentiels dans l'apparition des maladies cardio-vasculaires.

On voit donc que, pour une maladie bien codifiée comme l'infarctus, les risques sont multiples et qu'ils peuvent être formalisés : hérédité, habitudes alimentaires et métabolisation des graisses, gestion du stress par le tabac, l'alcool ou une tendance à s'empiffrer, tandis qu'à l'inverse des facteurs de protection ont été établis.

Malgré cela, on est bien en peine de savoir qui individuellement fera un infarctus sans avoir fait au préalable une coronarographie ou sans qu'une douleur apparaisse, ce n'est alors plus une prédiction.

Et pourtant la maladie cardio-vasculaire fait l'objet de campagnes de prévention très importantes et très coûteuses qui semblent basées sur des certitudes.

L'exemple est d'autant plus pertinent que la présence d'un trouble de l'anxiété ou d'une dépression a été clairement liée à une mortalité plus élevée des personnes qui en souffrent, précisément à cause de la plus grande fréquence des problèmes cardio-vasculaires chez ces personnes. Comme on sait que les problèmes de tabac et d'alcool sont plus fréquents chez ceux qui sont anxieux et déprimés, on peut retracer la mise en place de ces facteurs de risque.

Une personne anxieuse aura tendance à gérer son stress par le tabac et l'alcool, donc elle présentera un risque plus élevé pour les maladies cardio-vasculaires. Une fois la maladie constituée, le pronostic reste fonction de la présence d'anxiété et de dépression car, si à l'heure actuelle on arrive à gérer le premier accès d'infarctus par des interventions sur les artères coronaires, le devenir de ces patients est aussi fonction de leur attitude par la suite. C'est-à-dire de leur capacité à arrêter de fumer ou de boire et à mener une vie plus saine, et les personnes qui ont des problèmes de santé mentale ont plus de mal à suivre ces recommandations donc plus de risques de faire un nouvel accès. On peut ajouter que les personnes qui ont les niveaux d'instruction les plus élevés ont aussi plus de chances de mettre en place des mécanismes d'adaptation : elles auront plus facilement accès à la pratique du sport, prendront mieux et plus régulièrement leurs médicaments et seront plus facilement convaincues de la nécessité d'arrêter le tabac, statistiquement parlant, bien entendu.

Certains chercheurs ont essayé de prédire la survenue d'une dépression en utilisant les mêmes modèles et sont arrivés à un certain degré de prédiction en tenant compte des événements dans l'enfance – comme la perte de la mère avant 12 ans ou le placement en famille d'accueil –, du contexte de la personne : qualité de la relation conjugale, présence d'enfants en bas âge, présence d'une activité professionnelle et d'une bonne formation, survenue d'événements négatifs, plus spécifiquement d'événements humiliants et dans lesquels les personnes se sentent piégées. Ils ont mis en évidence des facteurs de protection de la dépression comme une bonne relation avec son conjoint ou la possibilité d'exercer un métier à l'extérieur, mais aussi et surtout la survenue d'événements positifs comme une rencontre ou un relogement en cas de logement insalubre. Ces relations ont été démontrées chez des femmes de milieux défavorisés uniquement, cependant on peut supposer qu'elles s'appliquent à d'autres milieux.

Ce qui rend la prédiction complexe est le fait que, si certains éléments sont indépendants de la personne comme sa génétique, et cet élément est variable entre frères et sœurs d'une même famille, les personnes construisent leur vie : elles choisissent un conjoint, investissent plus ou moins dans leurs études, leur réseau amical et tous ces choix aboutissent à des situations qui génèrent par elles-mêmes des facteurs de risque et de protection en cas d'événements, dont certains sont indépendants des personnes, mais d'autres ne le sont pas vraiment.

Nous savons en fait assez mal ce qui fait qu'une personne résiste bien ou pas, sachant qu'une personne qui résiste bien le paie d'une manière ou d'une autre : ce peut être par une culpabilité de s'en être sortie par rapport aux autres ou encore par une exigence excessive vis-à-vis d'elle-même et souvent aussi des autres, qui la rend très stressée.

Peut-on donc prédire le risque individuel de péter un câble ?

Péter un câble peut prendre des formes très diverses et, en fait, tous les problèmes psychiatriques sont concernés. Ils impliquent tous, d'une manière ou d'une autre, une perte de contrôle sur ses symptômes, une souffrance morale et un handicap pour vivre sa vie.

Péter un câble ne se résume pas à une colère ou à un mouvement d'humeur incontrôlé, c'est quelque chose qui implique une rupture et qui a des conséquences. On peut probablement le prédire comme on peut prédire un risque d'infarctus, sans avoir accès à l'équivalent du taux de cholestérol ou de la mesure de la tension artérielle et comme pour l'infarctus, cette prédiction n'exprime qu'une faible partie du risque. Ceci signifie que des personnes à risque peuvent n'avoir aucun problème de santé mentale, alors que des personnes qui ne semblaient pas présenter de facteurs de risque peuvent développer une maladie.

Cependant, statistiquement, on peut dire que les premières ont cinq à dix chances sur dix de plus que les secondes, ce qui laisse une très large marche de manœuvre.

Ce calcul est connu de manière intuitive des psychiatres expérimentés. À la question de savoir si n'importe qui peut péter un câble, ces derniers répondent non, alors que la plupart des personnes pensent le contraire.

Le risque commence dès la petite enfance : les enfants des personnes qui ont des problèmes de santé mentale ont plus de risques. Non seulement ils ont plus de risques génétiques, c'est-à-dire plus de risque de développer un trouble dit bipolaire ou une schizophrénie, mais aussi tous les autres troubles : troubles de l'anxiété, dépression non bipolaire ou problèmes avec les substances. À ces risques génétiques s'ajoutent les risques liés aux perturbations qui accompagnent la présence d'un parent qui souffre d'une telle maladie, qui de ce fait aura des comportements inappropriés et sera hospitalisé, donc séparé de ses enfants. Le conjoint non atteint sera lui-même aux prises avec sa propre gestion de la maladie de son conjoint et aura plus de mal à faire face vis-à-vis des enfants, tandis que la société n'est pas toujours très tolérante et peut faire sentir aux enfants qu'ils sont des enfants de malades. Dans ce contexte, les performances scolaires peuvent être mauvaises parce que l'enfant a des problèmes de concentration, voire de comportement, ce qui le met en échec dans un autre secteur de la vie et hypothèque ses chances futures d'avoir une profession qui compenserait par son intérêt ses difficultés familiales. Une fois arrivé à l'âge adulte, le fait d'avoir eu un parent malade peut l'amener soit à partir précocement du foyer en choisissant une personne dans ce seul but, soit encore en choisissant une personne un peu étrange ou particulièrement fragile qui lui rappelle inconsciemment son parent malade : dans les deux cas, elle se trouve fragilisée dans son univers affectif. On peut même poursuivre l'histoire des risques jusqu'à la génération suivante et c'est d'ailleurs bien souvent le cas. Dans tous les cas, ces enfants cumulent le risque génétique et celui d'avoir été élevés par un parent fragile, parfois même par deux parents fragiles, car les personnes qui se ressemblent s'assemblent : l'enfant cumule alors le risque génétique avec celui de son environnement familial.

On voit bien que tout le monde ne part pas sur la même ligne au départ de la vie. Évidemment l'histoire n'est pas inéluctable, les enfants de parents qui ont des problèmes sévères de santé mentale peuvent très bien réussir leur vie et ne pas rencontrer de difficultés particulières ou, s'ils en rencontrent, avoir la chance de posséder un don qui les aidera : être très intelligent, très beau, ou avoir un caractère agréable, un talent artistique ou encore rencontrer une personne qui les sauvera, un parent ou un grand-parent exceptionnel, un professeur ou un éducateur. Ils peuvent aussi faire un mariage très réussi et rencontrer un conjoint qui leur permettra de réussir leur vie.

Les facteurs de protection sont d'ailleurs souvent intriqués : si l'enfant a la chance de posséder certaines qualités, il a plus de chances de rencontrer, une fois adulte, un conjoint adéquat ou d'avoir un métier qui lui permette de se réaliser, d'avoir un bon revenu, ce qui en soi représente des facteurs de protection. Le monde est rempli d'enfants qui ont vécu de très grosses difficultés et ont très bien réussi, parfois mieux que la moyenne, car les difficultés forgent le caractère et l'intelligence, si on a le bagage pour les dépasser.

Ces enfants peuvent aussi avoir des dons artistiques exceptionnels car la limite entre l'art et les troubles psychotiques est ténue, et ce qui chez le parent était une bizarrerie morbide et une maladie peut chez l'enfant s'exprimer d'une manière artistique qui transcendera ses problèmes. Mais là encore il faut être créatif et suffisamment sain pour produire quelque chose et être apprécié par le monde extérieur.

Même sans avoir eu des parents ayant souffert de maladies mentales graves, les personnes ont pu vivre des événements tragiques dans leur enfance. Si elles échappent *a priori* au risque génétique, quoique certains événements puissent être reliés à un trouble sous-jacent non diagnostiqué ou caché, elles se trouvent confrontées aux risques que nous avons décrits : parent survivant ayant du mal à gérer ses propres difficultés, absence du parent en cas de décès ou de séparation.

Parmi les événements extérieurs, on s'est aperçu qu'il fallait inclure non seulement ce qu'on appelle un événement au sens de quelque chose de tragique qui arrive, comme perdre un parent dans sa petite enfance, mais aussi des difficultés majeures durables. Il peut s'agir de difficultés sociales comme une extrême pauvreté qui retentit sur l'enfant à de nombreux niveaux : des relations affectives perturbées par un tissu familial instable, parfois violent, un accès à l'école difficile tant par l'accès physique à l'école que par l'impossibilité d'étudier à la maison et de bénéficier d'un intérêt de la part de ses parents, voire de l'enseignant, auxquels s'ajoute le fait de vivre dans un milieu où la délinquance est plus fréquente et à portée de main. L'enfant peut lui-même réagir à ces difficultés par un refus de l'école, des troubles du comportement comme une agressivité, ou encore des fugues répétées, des comportements dangereux pour lui-même ou une toxicomanie.

C'est une des raisons pour lesquelles les enfants qui présentent des troubles du comportement en réaction à leur situation ont, une fois adultes, plus de risques pour toutes sortes de problèmes comme les troubles dépressifs ou anxieux, ou encore des problèmes avec l'alcool qui sont bien plus variés que les troubles du comportement.

À l'inverse, il est remarquable que certaines familles restent très structurées malgré des conditions sociales très difficiles, et les enfants qui vivent dans ces familles ont, bien entendu, beaucoup plus de chances de s'en sortir socialement et psychologiquement.

D'une façon générale, les difficultés sociales importantes étant souvent accompagnées d'une déstructuration des familles, elles sont des facteurs de risque pour l'équilibre affectif de l'enfant qui aura du mal à établir une relation stable et non violente et à avoir une profession stable, bien rémunérée et intéressante.

Fort heureusement, on peut rencontrer des personnes qui viennent d'un milieu socialement très défavorisé et ont réussi leur vie malgré cela. Cette mobilité sociale ascendante a cependant un prix et ces personnes sont plus fragiles que celles qui sont issues d'un milieu social identique ou peu différent.

On voit donc que l'établissement du risque dit social est compliqué puisque souvent les risques s'accumulent au fur et à mesure de la vie et qu'à chaque étape, un facteur en suscite un autre, en l'absence d'un événement positif ou de l'apparition d'un facteur de protection. Même quand apparemment tout semble réussir, la réussite peut venir cacher une fragilité qui s'exprimera dans un brusque pétage de câble pour un problème qui semblait banal. À ceci s'ajoutent les raisons complexes qui font que les parents se trouvent dans des difficultés sociales. Si certaines situations ont des causes extérieures, d'autres peuvent provenir d'une fragilité psychique qui est la cause sous-jacente de la situation sociale par le biais de tous les mécanismes dont nous avons parlé, ce qui fait que le malheur social recouvre en fait une maladie sous-jacente non diagnostiquée ou un trouble de personnalité et ses conséquences.

D'autres facteurs de risque sont connus comme celui d'avoir un frère ou une sœur qui souffre d'un handicap physique ou mental, ou d'une maladie mentale sévère. Cette situation engendre des risques multiples du même type que celle d'avoir des parents malades.

Les parents ont du mal à faire face au problème de l'enfant malade, le frère ou la sœur cumule donc les problèmes génétiques et ceux de l'environnement car le fait d'être dans une telle famille est un risque en soi, parce que les parents sont en difficulté, parce que la vie de la famille n'est pas la même. La vie sociale est appauvrie et les frères et sœurs cherchent souvent à quitter la maison de façon prématurée, avec tous les risques que cela comporte. Souvent aussi dans cette situation, l'enfant non malade essaie d'être le bon enfant pour, en quelque sorte, consoler ses parents, ne s'autorise aucune faute, aucun désir original. S'il est en difficulté, ses parents risquent de lui porter moins d'attention, car ils sont happés par la maladie de l'autre enfant.

Il y a aussi les situations où un secret plane sur la famille ; quelqu'un s'est suicidé, a trahi, a construit une autre famille, l'enfant est adopté, mais on ne le lui dit pas, il ignore ses origines. Toutes ces situations sont des facteurs de risques à la fois par ceux qui correspondent à l'événement lui-même (maladie de celui qui s'est suicidé, éventuel trouble du comportement de celui qui est parti), mais aussi par la gestion du secret qui amène à des attitudes inadaptées et, pour l'enfant, au sentiment qu'on ne lui dit pas tout et qu'il a certainement fait quelque chose de mal car les enfants, en l'absence de message clair, ont tendance à s'attribuer la culpabilité du problème.

Toutes ces situations sont des risques, et il y en a bien d'autres. Chaque enfance a ses risques, y compris le fait d'avoir été exagérément épargné par des parents surprotecteurs. Là encore, la surprotection peut être la résultante d'un risque antérieur subi par le parent lui-même, qui veut éviter à tout prix à son enfant de revivre une situation identique.

Il y a aussi les drames de la vie actuelle : la mort d'un enfant, d'un conjoint, d'un ami proche ou la survenue d'une maladie ou d'un handicap chez l'une de ces personnes. Ces événements terribles vont survenir chez une personne qui a ses solidités et ses fragilités, et ils constitueront autant de risques ajoutés. Malgré l'absence de facteurs de fragilité particuliers, certaines personnes ont à faire face à des séries de pertes qui constituent un danger pour leur équilibre à cause de leur répétition sur une période courte. Ainsi, une personne peut avoir perdu un enfant, puis perdre son mari et une autre personne proche (comme une amie) en une même année, ou encore perdre toute sa famille lors d'un accident de voiture. La même personne aurait pu faire face et s'adapter à chacun de ces événements avec le temps, mais leur accumulation va déborder ses capacités d'adaptation.

On a aussi remarqué qu'une fois que la personne a craqué, pété les plombs en déprimant par exemple, elle est comme fragilisée vis-à-vis des nouvelles difficultés qu'elle rencontrera, et que les risques de faire une dépression sont alors plus élevés. Cela dit, les scénarios sont complexes car une dépression peut, si elle est prise en charge par une psychothérapie bien conduite, solidifier la personne en l'aidant à se reconstruire et la rendre plus solide face aux événements futurs.

Les facteurs sociaux peuvent aussi être des déclencheurs : licenciement, harcèlement dans le travail, plus simplement la méchanceté quotidienne, la bêtise ou encore la trop grande difficulté matérielle d'un travail pénible physiquement ou psychologiquement par son contenu ou les conditions dans lesquelles il se déroule. L'évaluation individuelle du risque reste difficile, car dans une même entreprise et dans des conditions apparemment semblables, certains vont trouver des solutions et d'autres vont plonger. L'histoire de chaque personne s'est tissée tout au long de sa vie, au cours de laquelle elle a accumulé ses propres facteurs de risque et de protection. Le licenciement collectif n'est en fait pas le même risque pour tous ; certains auront la flexibilité de se former à d'autres activités, auront anticipé le problème, auront envisagé de quitter la région qui n'offre pas de possibilités ; d'autres ne pourront pas bouger à cause de contraintes familiales ou financières. Le licenciement tombera à une période de conflits avec leur conjoint, de problèmes avec leurs enfants ou encore de la survenue d'un problème de santé qui les fragilise. Il y a bien entendu le contexte : la solidarité, le savoir-faire et l'humanité des personnes chargées de gérer cette situation, pour une sortie la plus positive possible pour toutes les parties concernées.

Comment prévenir chez l'enfant ?

Ce qui vient d'être décrit sert de base à la prévention tant individuelle que collective. Certains risques sont de type individuel quand d'autres concernent un ensemble d'enfants car ils sont liés à une situation collective.

LES ENFANCES À RISQUE

Les enfants de parents souffrant de maladies graves, physiques ou mentales, sont des enfants à risque. Les enfants qui ont dans leur famille un frère ou une sœur qui présentent des problèmes graves le sont aussi. Les enfants dont la mère a été déprimée ou a eu une maladie très sévère, comme un délire à leur naissance, sont des enfants à risque.

Cela ne veut pas dire qu'ils ne seront pas des enfants tout à fait normaux. Nous l'avons vu, de nombreux facteurs de protection peuvent survenir et eux-mêmes peuvent avoir des ressources considérables qui leur permettront de faire face, voire de servir de soutien à leurs parents et à leurs frères et sœurs. De même, le parent survivant en cas de la perte d'un parent, ou le parent qui ne souffre pas de trouble mental, peut gérer la situation à sa façon et faire en sorte que son ou ses enfants puissent y faire face sans aucun appui extérieur.

Se pose donc la question de la prévention dans ces familles. Doit-on attendre la demande des parents qui ne se rendent pas forcément compte des difficultés d'un enfant qui ne pose apparemment aucun problème ? Doit-on « forcer » l'intervention au nom d'une protection de l'enfant ou encore respecter les mécanismes mis en place par les adultes qui entourent ces enfants ?

Ce sont des problèmes éthiques considérables car le *forcing* peut être plus dommageable que de ne rien faire, et, inversement, certains enfants sont si mal qu'on ne peut pas les laisser dans cette souffrance sans intervenir. Il ne faut pas oublier non plus que, quel que soit l'état psychique du parent, il restera le père ou la mère de l'enfant pour toute sa vie et que cette relation doit être préservée pour que ce dernier puisse grandir affectivement.

De nombreuses interventions ont été décrites et évaluées pour « éviter » à ces enfants de présenter des problèmes. On a surtout évalué leur bien-être, leur réussite scolaire et leur adaptation qui semble meilleure quand on leur apprend des techniques pour faire face aux difficultés. On peut aussi proposer des psychothérapies à ces enfants pour leur permettre d'intégrer ces difficultés particulières et de se construire avec. Elles nécessitent cependant la participation des parents ou du moins leur acceptation de cette prise en charge de leur enfant.

Dans la pratique, ces enfants à risque sont souvent adressés au système de soin parce qu'ils présentent eux-mêmes des troubles. On sort alors du domaine strict de la prévention, qui est d'agir avant l'apparition du trouble, mais on reste dans le domaine de la prévention dite secondaire, puisqu'on agit dès le début du trouble et qu'on protège ainsi le développement de l'enfant, ses acquisitions intellectuelles et affectives et partant son avenir d'adulte.

Si toutes ces actions sont possibles et réalisables, elles se doivent d'être entreprises avec tact en évitant la stigmatisation de l'enfant désigné comme à risque et celle du parent désigné lui aussi comme le risque, sachant qu'il doit être respecté dans son rôle, même s'il le remplit parfois avec difficulté.

LES MILIEUX À RISQUE

La prévention collective part aussi des constatations des risques, mais elle souhaite les traiter pour tous les enfants soumis à ces risques sans distinction. Elle évite le risque de stigmatisation individuelle, mais présente celui de la stigmatisation collective : « Ces enfants-là. »

La majorité des programmes de prévention pour jeunes enfants qui ont été évalués en milieu très défavorisé repose sur le soutien à la parentalité. Permettre à des parents qui vivent des situations d'exclusion multiples, quelles qu'en soient les raisons, de se réapproprier leur rôle de parents et de le faire avec efficacité. Les ingrédients essentiels de la réussite de tels programmes sont la mise en confiance des parents, qui s'obtient par la continuité des interventions et des intervenants, et pour la petite enfance une proposition de visites à domicile systématique pour toutes les familles en difficulté avec un bilan fait en commun, personnalisé en fonction des besoins de la famille.

Plus tard, en milieu scolaire, les programmes sont basés sur l'apprentissage de la verbalisation, de l'expression des émotions et des comportements, et sur l'aide scolaire.

Tous ces programmes essaient de compenser les facteurs de risque qui statistiquement sont plus fréquemment présents dans ces familles généralement regroupées dans des quartiers particuliers étant donné leurs difficultés à trouver un logement en l'absence de moyens financiers suffisants. Il s'agit là aussi d'aider le parent à investir et à élever son enfant, d'aider l'enfant à gérer ses émotions et son comportement et de l'aider dans ses apprentissages pour lui éviter l'échec scolaire et l'abandon affectif qui constitueront à leur tour des facteurs de risque. L'effort devra être poursuivi au moment des décisions d'orientation professionnelle et au moment de l'entrée dans la vie active.

Ce type de prévention est destiné en quelque sorte à compenser les facteurs de risque pour éviter leur répétition et leur enclenchement en cascade.

Sur le papier, tout semble simple, mais des éléments peuvent apparaître qui sont eux-mêmes des risques : le but de cette prévention reste que l'enfant se sente respecté ainsi que son milieu, qu'il devienne non pas une personne assistée, mais un adulte autonome capable de briser le cycle de la pauvreté et de l'exclusion. Nous manquons d'études de suivi françaises pour évaluer les résultats de nos programmes.

Leur réussite dans d'autres pays est cependant très encourageante même si des adaptations sont toujours nécessaires car chaque société a ses spécificités.

Cela étant dit se posent la question de l'organisation à mettre en place et celle des qualifications des professionnels pour mettre en pratique cette prévention.

La psychiatrie est sollicitée et est d'ailleurs souvent volontaire pour participer à la prévention et à la promotion de la santé mentale alors que les intervenants dans ces domaines pourraient être recrutés hors de la psychiatrie puisque, par définition, il ne s'agit pas de soigner des personnes présentant des troubles psychiatriques, mais de mettre en place des actions de « santé publique ». La psychiatrie publique se sent investie d'une mission de prévention dans la mesure où le mandat historique du secteur psychiatrique concerne le soin, la prévention et la réadaptation. Cependant, la prévention dans ce contexte est plutôt une prévention secondaire et tertiaire qui permet de détecter les symptômes des problèmes le plus tôt possible pour qu'ils puissent être pris en charge adéquatement. Ceci s'obtient par des actions d'éducation des personnes qui sont en contact avec les enfants : les enseignants par exemple. On doit aussi se garder d'une sorte de psychiatrisation des moindres comportements déviants qui, si l'on n'y prend garde, peuvent être une dérive de la mise en place de ces détections.

Les métiers de la prévention en santé mentale sont très divers. Ils concernent : les éducateurs, les psychologues, les sociologues, les travailleurs sociaux et les infirmiers. Il existe un institut national pour la prévention, l'Inpes, qui a des antennes régionales et tout un réseau d'éducateurs pour la santé dont la formation à des programmes de santé mentale est notoirement insuffisante, même si des progrès ont été accomplis récemment.

Finalement, la prévention en santé mentale se fait à l'école, dans les crèches, chez le médecin généraliste ou le pédiatre, mais aussi dans les cabinets ministériels de la Justice, de l'Éducation, de l'Emploi, du Logement, de l'Équipement, de la Famille autant que dans celui de la Santé.

Le domaine de la santé mentale concerne tout ce qui touche l'homme et en conséquence toute politique aura une influence sur la santé mentale des citoyens.

Avons-nous les moyens de notre politique : la psychiatrie en crise ?

Les demandes faites à la psychiatrie ont, nous l'avons vu, explosé et créé une situation de crise dans un pays qui consacre pourtant des moyens importants à ce domaine.

Une des questions qui taraudent les responsables de la santé de notre pays est de savoir comment, dans un pays qui a un taux élevé de psychiatres, tous les professionnels se plaignent d'être submergés et le public d'avoir de grandes difficultés à obtenir un rendez-vous.

Des comparaisons européennes montrent qu'en France le taux de contact avec le système de soin spécialisé en santé mentale en cas de problème n'est pas meilleur, mais au contraire plutôt moins bon que dans des pays comme la Hollande ou l'Allemagne, où la densité de psychiatres est au moins moitié moins importante que la nôtre. Dans ces deux pays, contrairement à ce qui se passe en France, les soins de psychologie sont accessibles, car remboursés quand ils sont prodigués par des psychologues ou des thérapeutes formés dans ce but. Dans notre pays, seules les psychothérapies faites par les psychiatres sont remboursées et de fait les enquêtes montrent que la moitié des psychothérapies sont faites dans ce cadre même si, en théorie, elles peuvent être pratiquées dans les points de consultation de la psychiatrie publique : les CMP.

Nous l'avons dit, les comparaisons soulignent aussi le manque de collaboration entre les médecins généralistes et les psychiatres et psychologues dans notre pays. Cette absence de contact rend difficile la gestion des problèmes pour les généralistes français qui ne peuvent s'appuyer ni sur les conseils des psychiatres pour la prise en charge de leurs patients, ni sur les traitements proposés par les psychologues qui permettraient à leurs patients de gérer leurs angoisses ou leur déprime.

Cette organisation des soins fait que les psychiatres se concentrent dans les grandes villes et les régions attractives sans souffrir de la concurrence des psychologues et explique en partie la crise de la psychiatrie, du moins pour ce qui est de la psychiatrie en cabinets libéraux, qui concerne la moitié des psychiatres.

Pour ce qui est de la psychiatrie publique, le problème est autre même si les concentrations de psychiatres publics dans certains lieux sont parallèles à celles des psychiatres de cabinets. Les activités précises des psychiatres publics sont mal connues car, contrairement à ce qui se passe pour les psychiatres privés, dont les actes sont pris en charge par la Sécurité sociale, on ne dispose pas de relevés précis, quoique ceci soit en train de changer. Il semble que les psychiatres publics s'engagent dans des activités qui ne seraient pas faites par des psychiatres dans d'autres pays, qu'il s'agisse d'activités concernant la réadaptation, la psychiatrie légale ou la prévention, ou encore des tâches de gestion de personnel qui ailleurs sont prises en charge soit par d'autres types de personnel, soit par un service spécialisé. On doit y ajouter le fait que la carence largement reconnue en places de soins de suite nécessaires pour faire sortir les patients qui n'ont plus besoin d'être hospitalisés, malgré des efforts récents très remarquables, et les difficultés qui en résultent pèsent sur la disponibilité des psychiatres publics ainsi que les demandes multiformes et fréquentes qui leur sont faites par les autorités d'intervenir dans des contextes les plus divers. Ceci sans parler de leurs conventions professionnelles qui font qu'aujourd'hui les activités ont diminué d'au moins 20 % par rapport à ce qu'elles étaient avant la fin des années 1990. Mais ceci est général dans le domaine de la santé quand elle est pratiquée en institution.

Les solutions à ces dysfonctionnements sont difficiles à mettre en place. Il ne s'agit pas de faire faire les actes de la psychiatrie, de les « déléguer » à des personnes qui ne sont pas compétentes. Il faut donc pouvoir disposer de psychologues, d'infirmiers et de médecins généralistes formés et appuyés par les psychiatres. Il faut que ces derniers acceptent de jouer ce rôle d'expertise en se gardant les soins des patients les plus complexes dans des lieux pas forcément les plus attractifs.

C'est une réelle mutation des pratiques : les médecins français, bien que vivant des ressources de la Sécurité sociale se considèrent, même quand ils sont salariés, comme des entrepreneurs indépendants et se sentent moins tenus par une obligation de service que leurs homologues britanniques salariés par le système de santé et auxquels est confiée une aire de recrutement populationnelle avec obligation de résultats.

Aucun système n'est parfait et chaque système a probablement ses avantages et ses inconvénients, mais il reste que la psychiatrie française se sent en crise et qu'elle devra évoluer d'une façon ou d'une autre. Le public attend d'elle des services équitablement répartis sur le territoire et adaptés au degré de sévérité des problèmes et cela ne peut s'obtenir que par une réorganisation des moyens et par une redistribution des rôles des professionnels.

Conclusion

Tout le monde a peur de péter un câble, mais certaines personnes sont plus à risque que d'autres.

Fort heureusement, il y a de bonnes rencontres et d'heureux hasards. Ainsi, des personnes très fragiles peuvent traverser la vie sans trop de heurts et tenir le cap. À l'inverse, des personnes *a priori* solides, mais sur lesquelles le hasard semble s'acharner, jusqu'à enchaîner une suite de pertes ou de traumatismes violents et déstabilisants, peuvent s'effondrer. Cependant, même quand on craque, il ne faut pas oublier qu'on garde toujours la capacité de récupérer et de reprendre le cours de sa vie.

En effet, l'être humain est beaucoup plus solide qu'on ne le pense et il est capable de faire face à un degré élevé de difficultés. L'important est sans doute de donner des bases solides dès l'enfance et, par la suite, face à une difficulté dont on souffre, d'être soutenu, d'une façon ou d'une autre.

Pourtant, la peur de péter un câble est réellement répandue et très forte.

L'époque est à l'introspection et chacun aborde facilement, voire publiquement, ses symptômes et ses problèmes. Dans le même temps, le seuil de sensibilité à la souffrance morale s'est élevé, on aspire à un bonheur sans nuage et à être constamment au top de ses capacités. Ces phénomènes concourent à une impression assez pessimiste car évidemment personne n'atteint cet état idéal et encore moins ne le vit en continu. D'où une demande d'aide « psy » élevée, en augmentation, alors que la fréquence des problèmes psychiatriques n'a pas ou peu évolué.

Si l'on peut se féliciter d'une plus grande écoute et d'une meilleure prise en charge des problèmes de santé mentale, on doit se montrer prudent face à la tendance actuelle : tous les problèmes deviennent objets d'attention quelle que soit leur gravité. Un peu comme si l'on avait perdu le sens de la mesure entre les grands fracas de l'existence et les difficultés ordinaires de la vie.

Sur ces vingt à trente dernières années, les risques de péter un câble ne semblent donc, malgré des bouleversements socio-économiques et culturels considérables, pas avoir augmenté, mais ils sont plus présents à l'esprit de nos contemporains.

Table

TROISIÈME PARTIE
Se soigner et guérir

Ouvrage proposé
par Alain Braconnier

CET OUVRAGE A ÉTÉ TRANSCODÉ
ET MIS EN PAGES CHEZ NORD COMPO (VILLENEUVE-D'ASCQ)
ET ACHEVÉ D'IMPRIMER SUR ROTO-PAGE
PAR L'IMPRIMERIE FLOCH À MAYENNE
EN OCTOBRE 2008

N° d'impression : 72358
N° d'édition : 7381-1977-X
Dépôt légal : novembre 2008
Imprimé en France